시인의 아내

시작시인선 0531 시인의 아내

1판 1쇄 펴낸날 2025년 04월 30일
지은이 최태랑
펴낸이 이재무
기획위원 김춘식, 유성호, 이형권, 임지연, 차성환, 홍용희
책임편집 이호석
편집디자인 김지웅
펴낸곳 (주)천년의시작
등록번호 제301-2012-033호
등록일자 2006년 1월 10일
주소 (03132) 서울시 종로구 삼일대로32길 36 운현신화타워 502호
전화 02-723-8668
팩스 02-723-8630
블로그 blog.naver.com/poemsijak
이메일 poemsijak@hanmail.net

ⓒ 최태랑, 2025, printed in Seoul, Korea

ISBN 978-89-6021-807-9 04810
　　　978-89-6021-069-1 04810(세트)

값 11,000원

*이 책 내용의 전부 또는 일부를 재사용하려면 반드시 저작권자와 (주)천년의시작 양측
　의 동의를 받아야 합니다.
*잘못된 책은 바꾸어 드립니다.
*지은이와 협의하에 인지는 생략합니다.

시인의 아내

최태랑

천년의 시작

시인의 말

그동안 시와 씨름하다
세 권의 시집을 냈다

시를 쓸 때마다
아내가 넌지시 바라보더니,
아내도 시를 쓴다

촉이 물구나무서서 그리는 글씨
한 자 한 자 머리에 담은
그 시를 꺼내어
네 번째 시집으로 묶었다

필사하다
울어버린 아내의 마음으로

2025년 봄에
최태랑

차 례

시인의 말

제1부

또 ──── 13
이별은 비 오는 날이 좋다 ──── 14
봄도 붉다 ──── 16
계단 ──── 18
어느 날 해후 ──── 20
여기요 ──── 22
절벽 ──── 23
모래시계 ──── 24
밥 짓는 시인 ──── 26
미나리아재비꽃 ──── 28
십자못 ──── 30
늙은 호박 ──── 32
소갈머리 ──── 34
뱅갈고무나무와 깔판 ──── 36
와인글라스 ──── 38
소음 중독자 ──── 40
길의 생태학 ──── 41

제2부

천칭天秤 ──── 45
가문비나무 아래서 ──── 46
마우스 ──── 48
자화상 ──── 50
자반고등어 ──── 52
소주 한잔할래 ──── 54
그녀의 눈빛 ──── 56
영풍문고에서 ──── 58
오래된 그녀 ──── 60
시 쓰는 구두 ──── 62
물의 뼈 ──── 64
황금 언덕 ──── 66
길 끝에 서서 ──── 67
저수지 ──── 68
헌책방 ──── 69
오류 된 착각 ──── 70
베개 십자가 ──── 72

제3부

고독의 방식 ──── 75
집 ──── 76
안개 ──── 78
어린 짐승으로 ──── 79
달빛 고운 날 ──── 80
작은 소리가 좋다 ──── 82
단어, 넷 ──── 84
하나님을 팝니다 ──── 87
카페라테 ──── 88
환지통 ──── 90
소음방지벽 ──── 92
금니 ──── 94
가도 가도 서울이다 ──── 96
가로등, 그림자 ──── 98
바람으로 쓴 편지 ──── 100

제4부

손의 말 ──── 105

이심전심 ──── 106

거기 있어 주세요 ──── 108

겨울새 ──── 110

당신이었소 ──── 112

초록 늑대 ──── 114

아버지와 아들 ──── 116

그리고 아무 말이 없다 ──── 118

나비 ──── 120

장제사 이력 ──── 122

껍데기만 들고 나왔다 ──── 124

이제는 알아요 ──── 126

또 하나의 계절 ──── 128

주름살을 지우고 ──── 130

오월에 ──── 132

밥 한 톨 ──── 134

시인의 아내 ──── 136

해 설

유성호 지극한 사랑의 마음으로 가닿은 서정적 범례 ──── 138

제1부

또

누가 나에게 또, 하고 말하면
잘못했다는 것인지
다시 해보란 뜻인지 모르지만
된소리로 말하면 동강날 것 같고
느슨하게 말하면 배려로 보인다

또, 하란 말은
누군가에게 전해지지 않았다는 말
말에 씨가 붙어 싹이 날 것 같은 말
어쩐지 껄끄럽고 들그럽다

또 해보란 말은
어두운 심지에 불을 붙이라는 말
지난가을은 갔지만 가을 같지 않은
또 가을 또 낙엽 또 바람이다
또를 따라 뭔가 찾아올 것만 같다

'또'라는 말
나를 버리고 글 자국으로
뒷모습만 남겼다

이별은 비 오는 날이 좋다

분리수거 날에는 으레 비가 온다
인연이 낡아진 통기타
바람이 끊긴 선풍기 옆에 두고 왔다
그동안 사랑받던 시간들을 반송했다

돌아서 다시 보니,
가는 허리에는 아들 손금이 그어져 있고
무릎 위에 올려놓고 연주했던 오캐롤
얼굴 없는 소리들이 땅에 떨어져
빗물과 같이 슬금슬금 기어간다

아쉬운 것은 지워지고 사라져야 하는 걸까
기억이 추억 쪽으로 건너가고 있다

물방울 소리 들으려면
귀가 밝아야 하는데 점점 어두워진다
깊어질수록 멀어지는 빗물이 자란다
슬픔이 고이지 않게 흘러가면
이별도 멀어질까

비는 아주 먼 곳에서 손 내밀어
이별을 윤기 나게 닦고 갔다

이별은 비 오는 날이 좋다

봄도 붉다

주엽역 가판대 주변
비둘기 떼 모여든다
먹이 부스러기를 허겁지겁 먹고는
부리를 쓱쓱 문지르고 호수공원 쪽으로 날아가는데

발가락 없는 뭉뚝한 한 쪽 다리
비둘기 한 마리
날기를 포기하고 편편한 쪽으로 갸우뚱거린다

행간에 머물러 있을 잃어버린 발가락
노랑머리 소녀에게 엉킨 것일까
지하철 환기통에 접혔을까
어딘가에 머물러 있을 오류
콘크리트 숲에 세 들어 천형을 받고 있다

평화는 뒤뚱거리고
자유는 밤처럼 캄캄한데
언제 허공을 출렁이며 날아 볼까

저 뭉툭한 발가락 끝에 묻은

봄이 붉다

계단

병원은 생각지도 않게 생의 수단이
갈등하고 수선한다
작은 소망 주억거리며 받아들이는 사람
이런 때 으레 찾는 오지가 있다

병원 뒤꼍으로 통하는 비상계단
그늘진 대화를 하고
누군가 속닦을 하는 곳
떨어뜨리고 간 사연들이 계단마다 붙어 있다

뒷짐 지고 허공을 바라보는가 하면
꼭 우리가 모셔야 하냐고 다투는 부부
연거푸 불을 붙여 속 태우다 간다

그리 애절한 것도
가슴 미어지는 통곡도 아닌
내색 없이 울고 싶은 사람들이 찾아와
눈물을 걸어두고 가기에 이만한 곳이 없다

차고 단단한 계단 한구석

어린 자식 안고 혼자 우는 여인
계단 끝에는
장례식장으로 가는 문이 있다

어느 날 해후

중앙보훈병원에 가면
어디서 본 듯한 사람들이 많다
정상인이 더 이상하게 보이는 곳
비틀리고, 구부러지고, 한쪽으로 쏠려 천칭처럼 비대칭이다
젊음을 내어주고 돌려받지 못한
침묵이 딱지처럼 굳어있다
눈은 적막을 꿰뚫는 사냥꾼처럼 빛이 났다
천지가 지켜야 할 내 땅인데 어딘들 없을까
양구군 방산면 피의 능선 전우가 아닌가
약 보따리를 들어 보이며
피탄으로 기울어진 하반신 지팡이가 잡고 있다
쑤시고 저린 뼈마디가 찾는 것은
이 병원 칠 할이 통증완화제라 한다
그동안 어디서 무엇하고 살았을까
그래도 나라 지키던 고급 장교였는데
괭이를 걸어둔 늙은 농부처럼 노동도 멈춰버렸다
아파트 경비원, 주차 관리원, 주유소 배달원, 지하철 택배원
어울리지 않는 도시의 늙은 낙타로 살아왔다

대화가 고픈지 따뜻한 슬픔과 서늘한 눈빛만 오고 갔다
내 눈은 놀빛 구부정한 등을 한참 따라갔다
다음에 보자! 했는데,
그다음이란 시간은 없을 수도 있다

여기요

누가 여기 와서 길을 묻거든

여기는 원형 로터리도 있고요
삼거리나 오거리도 많아요
두 시나 열 시 방향으로 가는 길도 많아요

이별을 흘리고 가서 그래요
그렇다고 함부로 손짓하다가는
갈매기가 날아오고 뱃머리를 돌릴지 몰라요

이별하려거든 고독을 앉혀 놓고
으렁으렁 파도에게 가서
물방울 깨어지는 소리 들어 볼 일
노을이 그쪽으로 가니 그냥 가 볼 일이에요

절벽

고집스런 수직
비나 눈이 와도 손 펴고 받아 주지 못한
아슴아슴한 직설이다
침묵으로 서서 먼 곳을 바라볼 뿐

거절하지 않는다
파도를 부르고
이름 모를 꽃과 나무를 받아들인다

새들에게 둥지를 허락하고
바위틈을 벌려 꽃 피게 하고
바람이 밀고 온 파도에게 가슴을 맡긴다
목마른 나무가 바위에 뿌리를 박는다

세상은 벽 너머에 있다고 하지만
누군가에겐 절벽이 세상이다

모래시계

오 분 동안의 생
제 안에 사막을 들이고
아래, 아래로만 내려간 겸손 하나로
아무렇지도 않은 듯 시간을 세고 있다
생과 사가 다르지 않다는 듯
위아래가 같다
더운 찜질방 한편에서
가늘고 여린 허리로 사막을 인내한다
처음 모래시계를 만든 이는
낙타이거나 개미나 별이었을 것이다
소리 없이 흐르는 땀을 꽃으로 감당해 본 사람은 안다
고통 후에 얻어진 아름다움
오늘도 생의 무게를 지고 있는 그녀
아이 둘을 담아본 둥근 뱃살
얼마쯤 덜어내야 꽁무니 따라오던 그때가 올까
좁은 통로가 아래 있는 것이 다행이다
뒤집어야 다시 사는 생
한 알씩 떨어지는 순간으로 세월을 세며
눈빛 감길 때까지 지켜보다가
뒤집어지지 않으면 그것으로 끝이다

처음인 듯 새로이 여정을 떠난다

밥 짓는 시인

어둠에서 누가 불러왔을까 새벽을
아내는 여직 꿈길을 가고 있는데 노시인은
부스스 일어나 고운 시알로 밥을 짓는다

쌀 한 움큼 은유를 의중에 넣고
비유 좋게 뜨물이 맑아지도록 씻어
이미지 선명한 시 한 편을 안친다
저 푸른 들과 맑은 공기가
어둡고 습한 동굴 같은 밥솥에 들어가
언어들이 뜨겁게 들끓어 간다
시인은 그 옆에 쪼그려 앉아
다듬고 버리고 쓸어 담은 신화 같은 시 한 편
기껏해야 쌀 한 됫박 값도 되지 않는
언어들을 붙들어 잡고 시름하고 있다
아내는 이렇게 한생을 소진했다

시는 탄생이 아니라 생산이다

여문 시알들이 부드럽게 읽힌다고
입에 착 감길 것 같은 시가 차지게 엉켜 있다

다 왔다고
증기를 내 품고 기적 소리를 낸다
시인은 젖은 꽃을 피웠다

턱받이 딸 같은 아내가 일어난다

미나리아재비꽃

이른 봄
뒤 개울가
노란 꽃 무리 피었다

본디 미나리는
몸이 잘려도 뿌리에서 새순이 돋고
시큼한 뒷맛 감추고 있는데

먹지도 못하는 이 꽃을
서로 닮은꼴도 한 점 없는데
누가 미나리라 붙였을까

외줄기 꽃대 너무 슬퍼서
노상 바람 속에 서서
다섯 손가락 펴고 손 흔든다

우리 아재비
동네 잡일을 도맡아 하더니
늙은 손등이 꽃이 되었나

아재, 하고 부르면
떼창으로 대답하는 우리 아재같이 천진무구한 꽃
고모님 가고 혼자 살다가
천상 화원이 좋다고 올라간 아재비 꽃

고즈넉한 볕이 좋아
봄이면
개울가 내려와 흐드러지게 피었다

십자못

정수리에 열십자가 새겨진 나사못

수학자는 함수 부호라 하고
아이는 덧셈이라 한다
의사는 배꼽이라 하고
간호사는 적십자라 한다
목자는 성호라 하고
신자는 십자가라 한다
같으면서 다른 표현이다

못은 둥그런 정수리를 달고
십상, 두들겨 맞는 것이 일상
서로 다른 두 마음을 하나로 이어주며 산다
못이 아픔을 알고 있다면
대가리라는 이름을 버리고 '머리'라 했을까

미루어 정수리를 절단하고 십자 모양을 새기고 태어나
가는 길을 다그치거나 윽박지르지 않고
천천히 골고다 발자국을 퍼내며 들어가
합장하듯 다정으로 이음을 주니

고난을 짐작해 부활했을까 십자나사못

그의 가는 길 끝에는
사막의 형장처럼
몸을 묻고 머리만 내밀고 있다

늙은 호박

시월 된서리 주름진 등이 보인다

'호박꽃도 꽃이냐' 비아냥해도
어둠 속 초롱 밝혀 별빛 끌어와
늙을 대로 늙어버린 주름투성이 맷돌호박

같이 늙어가는 누이
차디찬 맨몸 바닥을 똬리 틀어 받쳐 주었지
무슨 말이든 마지막 말이 될 것 같은 숨소리
두꺼운 포피 속에 야무지게 씨앗을 품었다

못생겨도 늙었어도 괜찮아
산모에게 난질거리게 푹 고아 몸 다스리기에 좋다
쓸모가 많아 '넝쿨째 굴러온다' 했다

큰집 빚보증에도
끝내 찍어주지 않던 목도장 같은 꼭지 달고
그늘 속에서 늙어버린 한 생이 기도로 영글었다

논두렁 마르면 병원 간다던 누이,

쪽마루 끝에 쪼그려 앉아
부종浮腫이라도 가라앉히겠다고
세월의 어둠을 켜고 있다

소갈머리

　그는 머리를 가진 것을 보면 사람이다 그렇다고 갈증으로 목마른 사람은 아니다 몸속 어딘가에 숨어 있어 보이지는 않는다 보려고 해도 은유적으로 감춰 버려 발견되지 않는다 누구도 그를 보았다는 사람은 없다 설령 보았더라도 직설하지 않는다 이놈의 겉은 미끄럽고 반들거려 그늘진 응달에 숨어있다 여간해서는 밖으로 들어내지 않는다 잠을 잘 때는 다소곳이 주인의 몸속으로 들어가 동침한다 그의 외모는 코는 납작코이고 눈은 뱁새눈이고 귀는 바늘구멍 같고 이빨 어금니는 숨어 갈아먹기 좋고 앞니는 뻐드렁니여서 물어뜯기에 좋다 하나 머리통 속은 작고 허물허물하게 생겨 좀체 발견하기 쉽지 않다 속은 밴댕이이고 꼬리가 길어서 감추고 다닌다 발은 지네발이어서 수식어를 많이 달고 다녀 동작은 느리지만 남의 속을 뒤집고 들쑤신다 이놈은 사색하듯 머물러 있다가도 이미지가 서면 역마살이 끼어 휘젓고 다닌다 이놈 머리는 아주 단단해서 한번 선하면 몸은 따라가야 한다 모두 감추고 있어 실체는 보이지 않는다
　이놈이 밖으로 나올 때는 다급한 위기가 닥치거나 마음이 급할 때이다 성질나면 쌍소리도 하고 주먹을 시켜 갈기기도 하지만 돌아서면 잊고 묵시한다 그때 잽싸게 이놈을 붙잡아 성질을 고쳐야 하는데 눈치 빠른 이놈은 순간 머리를 꺼내

소갈에 접미사로 붙어 소갈머리가 되었다
　나만 아는 비밀이다

뱅갈고무나무와 깔판

신장개업 화분에 이름표 달고
뱅갈고무나무 한 주 서 있다
출입문 바닥에는
이모가 사 온 고무 매트 깔판, 서로 대칭이다
그들 고향은 방글라데시 갠지스 강변이라 했다

바닥을 받치고 있던 고무 매트 깔판
가장 낮은 곳에서 납작 엎드려
발바닥을 쓱쓱 문지르고 오는 시장기
발뒤꿈치들을 헤아리고 있다

파랗고 고운 무늬 꽃잎들이 압화되어
밟을수록 성업이란 수난을 거쳐 온 상처들이다
자국마다 까만 눈망울이 반짝인다

먼지 뒤집어쓰고 밟힌 죄밖에 없는데
대걸레 자루로 흠뻑 두들겨 맞고
뱅갈고무나무 화분에 기대어 놓았다

목이 마르고 피부는 거칠어져

꿈을 건너온 향수의 뼈가 굳을수록
다시는 돌아갈 수 없는 먼 길

고향 그리워 가고 싶어도
시효 기간이 넘은 여권을 바라보며
밀린 일당에 발목 잡혀 오도 가도 못하고
낮은 소리로 '어서 오십시오'만 반복한다

와인글라스

아내가 와인 잔을 손바닥에 올려놓고
물끄러미 바라보며 '너는 왜 짝이 없니' 한다

참 야시꾸리하고 암팡지게 생겼다
풍만하고 푸짐한 상체
가느다란 허리 넓둥글한 발바닥
둥그런 '립' 라인에는
입술을 기다리는 갈증이 서려 있다

푸짐하고 넉넉한 '볼'에
보랏빛 와인을 비틀어 채우면
그녀의 허리끈이 풀린 실루엣처럼 찰랑거린다

어떤 체온도 쉬지 마세요!
너무 움켜잡지 마세요
그럼 여린 마음 짝 눌릴지 몰라요
오직 당신의 엄지와 검지로 허리를 감싸안고
서로 맞대어 부딪쳐 봐요
그럼 단풍 숲을 지나온 가을바람 소리가 날 거예요
입술을 당겨 와인 맛 느껴 보세요

소맷자락 물고 있는 소녀처럼 수줍어져
첫정같이 목을 타고 슬며시 이끌려 가는 그 맛
덤덤하고 감미로울 겁니다

와인 잔 손에 들고 있는 당신
바로 그 짝 아닐까

소음 중독자

도시 소음 소리 들으면,
나 월남 꾸멍고개 전우들이 생각난다
진지 앞에 포탄 소리 없으면
잠을 이루지 못했다

티베트 고지대에 살고 있는 야크
고원에 길들어져 그곳을 떠나면
시름시름 앓다 죽는다
도시인들은
자동차, 공장, 제 잘난 떼창 소리 등속에
소음 중독자가 되어 살다 간다

나 역시 얼마 전
태어난 섬마을 고향에 갔다가
적막 속에서 이틀 밤 보냈는데
고요가 더 견디기 힘들어
서둘러 소음 속으로 돌아왔다

길의 생태학

모든 길은 바다에서 걸어 나왔다

바닷가에 살았던 나는
길이 긴 꼬리를 달고 부화하여
솔밭 사이를 지나 성큼성큼 기어가는 것을 보았다
생존을 위해 뭍으로, 뭍으로만 기어오르던 그는
언덕을 넘고 강을 건너 신작로를 만들었다

팔다리가 헐고 머리털이 빠지도록 길은 우화를 거듭해
훌훌 물비늘을 벗어 버리고 더 넓은 길로 빠져나갔다
손톱 줄금 같은 옛길도 버리고
질주를 견디기 위해 몸에 갑주를 입었다

비대한 길들이 합쳐져 어디론가 모여들기 시작했다
길은 길을 물고 늘어지고 피 터지게 싸우기도 하면서
빠름의 질서를 찾아갔다
도시로만 모여들어 골목이란 종족이 되었다

물에서 태어난 길은 회귀의 본능 때문인지
그 끝은 언제나 바다였다

제2부

천칭 天秤

그는 한쪽으로 기울어져 있다
기울기를 잡으려고 춤추듯 흔들며 걸어간다

한쪽 다리로 전철을 탈 때면
다친 한쪽을 위해 온몸이 울력한다
수평을 잡으려 애를 쓴다

한 발 두 발 놓일 때마다 하늘이 흔들린다
잡는 곳은 허공뿐
놓쳤다가 다시 잡고 잡았다가 놓치기를 반복한다

그는 만원버스나 전철에 들어서면
안정이 된다

허공이 고요하도록
무거운 추 하나 얹어 놓는다

가문비나무 아래서

낙엽을 모르는 나무가 있다
헤아릴 수 없는 슬픔이
잔설처럼 덮여 있는 가문비 숲
뾰쪽한 침엽이 설해를 견디는 고산에서
지난 생각들을 꼿꼿이 세워 놓고
침엽 끝에 설음을 방울방울 달고 있다

잎의 방향이 한 곳이라 바라보는 곳도 하나
땅거미가 지면 신작로를 응시하는 어미 눈빛처럼
날카로운 침 끝 맺힌 눈물
적막 끝에 바람이 지나가면
구름이 되어 날고 싶었을까

장백산 어느 기슭에 철모르게
보랏빛 열매를 움켜쥐고 단단히 생을 묶고 있다
멀리 찢어진 바람 소리가 천지 쪽으로 흘러
노을에 젖은 밤바다처럼 뒤척인다

암수가 서로 마주 보다가
암그루가 죽으면 수그루도 한동안 난청을 앓다

고산에 젖은 달빛 남겨둘 계절도 없이
직립으로 마주보며 같이 간다지

마우스

내 손안에 쥐 한 마리 키운다
약삭빠른 뇌의 지배자가 되었다

쥐란, 한때는 박멸의 대상이었는데 어쩌다
손안에 숨어들었다
생물은 저마다 길이 있어 길 따라 사는데
긴 꼬리로 제 몸에 연결했다
썩 유쾌하지 않지만 몸에 붙어
밥을 주지 않아도 몸을 지탱하는 이 쥐는
첨단 유전자를 가졌다

발이 퇴화되어 어깻죽지에 붙어 툭툭 치면
죽은 듯이 있다가도 퍼떡 눈을 뜨고
배에 붉은 불을 켜고 손안으로 쑤욱 들어와 안긴다
이놈은 검지로 애무해 주면
기분이 좋아 춤을 추며 논다

이 쥐는 지속성이 강해
첨단 살충 업체 세니텍에서도 박멸할 수 없다
한번 잡으면 물고 늘어져 날밤을 새운다

때로는 허깨비로 새운 밤에도
죄 없는 도둑을 때려잡고 전쟁이나 사냥을 하고
찍찍거리며 쇼핑몰을 싸다닌다

첨단으로 무장한 이 쥐가
세상을 움켜쥐고 있다

자화상

내 얼굴을 그리려고 거울 앞에 서 보니,
아무리 봐도 나는 어디 가고
낯선 사람이 들어 있다

찬찬히 보니, 한 노인이 나를 보고 있다
이웃집 할아버지 같기도 하고
성질 사나운 굶주린 승냥이 같기도 해
다시 보니 아버지 같기도 하다
웃어 다시 보면
동생 같기도 하고 아들 같기도 하다
시간 속 낯선 이방인
살며시 말을 걸면 수줍었는지
얼굴 바꿔 시치미를 떼고 나를 본다

한 번도 치켜떠보지 못한 눈빛
때로는 천진무구한 낯선 사람
그 얼굴 속에서 헤쳐 갈 미래의 시간이 보인다
귀를 세우면 빨리 가라고 경적 소리가 나고
미간의 주름 속에는
언제 자리 잡았는지 애환이 박혀 있어

아무리 보아도 내 얼굴은 없다

늙으면 눈물이 헤퍼져
작은 일에도 서러워진다
어디서 쉰 목소리가 난다
나 여기 있어

자반고등어

양구 팔랑시장 난전에
고등어 손들이 소갈머리를 버리고
서로 등을 안고 있다

극해 세찬 바다를 등에 지고
날렵하면서도 유연한 몸으로
파도에 퍼렇게 멍이든 물길 끝에서
어적을 피해 여기까지 온 북해산

작아도 당찬 맛을 내는 안동고등어
어장 배가 닿지도 않을 산골
소금 한 톨 나오지 않는 벽지
삼팔선 넘어 등 다독이며 이곳까지 왔다

고향 노르웨이 다시 가고 싶은가 눈 퍼렇게 뜨고
짭조름한 고집 누군가에게 빈속 채워주려고
파장까지 가판대를 지키고 있다

퍼런 등 문신을 하고 살아온 한 생
소금기에 절여 서로 등 다독이며

이름마저 자반이 되었다

소주 한잔할래

그냥 만나자는 말은 아닌 듯싶다
스스럼없이 소주 한 잔할래 하는 말
지나간 말로 밥 한번 먹자보다 정겹게 들려온다

어느 예절이 이리도 편하고 임의로울까

꼭 소주가 먹고 싶어서가 아니라
아이처럼 '같이 놀자'는 말이 아닐까 싶다
미운 놈 실컷 욕해 놓고 빙그레 웃는 친구

산 넘고 물 건너 너무 멀리 온 우리
힘듦도 아픔도 견뎌 왔기에
회포라도 풀자는 것 아니겠는가
누군들 어렵고 외로운 일 없겠는가
지나 보면 세월인 것을
누가 돈을 내도 내 주머니 같은 우정
소주 한잔 마셔주는 것 아무나 하는 것 아니다
잔이 주거니 받거니 하다 보면
기다림도 취해 마음이 와야 잔이 간다

오장육부를 다 내다 버린 빈 잔 같은 생
그런 친구 있다는 건
나 잘 살아온 것 아니겠는가

그녀의 눈빛

주말이면 동네 사거리 큰 건물
지하에 살고 있는 그녀 만나러 간다
고정된 눈빛으로 나를 바라본다
그녀는 성격이 급하다
보자마자 옷을 벗기고
가녀린 몸에 속눈썹이 더 길어
둥그렇고 섹시한 눈빛 날카로워 직설적이다
그녀 앞에 나는 직립으로 선다
앉거나 눕는 것을 거절하고
꼿꼿이 서서 바라봐주는 입위만을 허용한다
몸이 올라서면 그녀는 까르르 웃으며
아찔한 난간을 휘돌아 바르르 떨다
절정의 선에 일곱 시 삼십 분에 선다
짜릿함을 느끼며 진저리를 치며 고정된다
나는 그녀에게 고개를 숙인다
용무가 끝나면 축 늘어져 제자리로 돌아와
언제 그랬냐는 듯 아무 표정이 없다
그동안 거쳐 간 사내들을 기억하지 않는다
신분도 출신도 상관없다
은밀한 몸의 비밀을 알고 있으면서도

입을 꾹 다문 과묵한 재래식 여인
사우나 오래된 눈금저울
서린 창문을 슬며시 쳐다본다

영풍문고에서

서점은
도시의 숲이다

넓은 숲이 빽빽하고 비좁다
무수한 나무들 어깨를 맞대고 직립으로 서 있다
자작나무, 굴참나무, 소나무, 대나무 끼리끼리
서식지에 수종樹種이 같은 것끼리 모여 있다

숲을 휘돌며 떠드는 아이들
그림책을 뒤적뒤적 곤충을 잡는다
이것저것 나무들만 들쑤시고 다닌다

엄마는 벤치에 앉아 맨손으로
느긋하게 나뭇가지 잎을 넘기며 뒤적거리다가
냉큼 열매만 따 먹고 아이 손잡고 나간다

한갓진 모퉁이를 휘돌아 가면
작달막한 시집들이 쪼그려 앉아
그 나무를 키운 주인의 생각
머리를 짜낸 진액을 담고 있다

그 틈에 초라하니 누굴 기다리는
고아 같은 내 시집
한 권 손잡아 집으로 데려왔다

오래된 그녀

평생 주방을 떠나지 못하고
조리대 옆을 지키는 너는 천상 여자다

식구들 입맛을 맞춰주다 늙어버린 그녀

맛을 품어 안고 살았다
손만 잡아도 마음을 열어주는 여인
시장바구니가 나서면 송아지도 닭도 푸른 초장
싱싱한 푸성귀도 끌어오는 수라간

그녀는 창 너머 밖을 볼 수 없어도 식구들 입맛은 알아
스스로는 나직한 식욕을 가늠할 수 있다
평생 어미처럼 흰옷을 입고 사는 그녀
밖은 봄이 지천인데 누가 손잡고 가잔 사람 없이
싱크대 한구석에 직립으로 서 있다
그도 나이가 들어 밤이면 드르렁드르렁 코를 곤다

어느 날
딸아이가 데리고 온 다크베이지 옷을 입은 낯선 여인
칸칸이 입맛 담을 수 있고

한 바다를 끌고 와 잠재울 칸도 있다

이제 용도 폐기 되어 가는 냉장고
편히 누워 자라고 손을 잡아주었다

시 쓰는 구두

이놈은 내 버릇을 잘 알고 있다
왼 무릎을 보호하려 오른쪽이 더 닳았다
그동안 나를 따라 길바닥에 시를 쓰고 다녔다

장례식장에 가면
털 구두와 뾰족구두 사이에 옆구리를 베고 꾸벅꾸벅 졸다가
소란과 웃음 사이에서 나오는 염불 소리에 귀가 뜨이면
잡기장에 넣고 오기도 한다

삐딱한 하중을 허둥대며 업고 다닌 구두
몸의 중심을 받아내던 나의 동역자이다
봄이 가든 말든 상관하지 않고 다니더니
치료 시기를 놓친 중환자 신세가 되었다
그동안 잘 거두지도 못했는데 분리수거함을 찾는 동안

너만 알고 있는 발의 기억들
반납되는 순간 힐끔 나를 쳐다본다
너와 나는 끝인가 생각하는 사이
나의 행적을 기록해 둘 두툼한 원고지

슈퍼디스크가 장착된 칩을 새 신발에 입력했다
새것은 다 좋은 줄 알았는데
잡생각이 꽉 조여 들어와
서서 듣던 오늘 강연은 좀체 들어올 줄을 모른다

물의 뼈

낙숫물은 처마를 떠나기 싫어
몸에 뼈를 심었다

그믐 야윈 날에는
물속에 뼈를 심기에 좋다
아래쪽으로 역 성장하는 빙주氷柱가 생기고부터
물의 속성을 버리고 흐르기를 멈췄다
오직 살길은 중력의 힘으로
처마를 붙들어 잡는 일이다

봄이면
나무들은 태양을 찌르며 가까워지는데
뼈는 땅에 묻히기를 좋아해
애송이 봄도 감당하지 못하고
잡고 있던 손을 놓았다
어디쯤일까, 여쭤볼 겨를 없이
어느 누구의 찬사나 위선도 없이 떠나간다

잠시 스쳐 간 짧은 사이
한순간 잠깐 세상을 엿들었다고

천형을 받아 고드름이란 이름을 버리고
산산조각 물로 다시 돌아가
천성을 되찾아 유유자적 흘러간다

황금 언덕

인천 서북쪽 끝자락 송림동 오지에 황금 언덕이 있다 이 마을에는 아버지를 닮은 사람이 많았다 저마다 가고 싶은 길 하나씩 긋고 그 길을 따라 모두 가고 지금은 없다 느티나무 밑 평상에 앉아 나누던 황금 이야기만 남았다

하루에 두 번 황금을 싣고 와 부려놓고 가기 때문에 붙여진 이름이다 이 지방 관서에서 조수 시간을 맞춰 하루에 두 번 수거한 분뇨를 바다에 버렸다 그 냄새가 온 천지를 진동하여 마을 사람들은 손사래를 치며 문을 닫고 밖에 나갈 수가 없었다 버리고 나면 어김없이 바닷물이 찾아와 황금을 끌고 가 고기들의 만찬이 되었다 구릿한 냄새는 어디 가고 언제 그랬냐는 듯이 바다의 비린내가 비집고 들어온다 이곳에서 나온 물고기나 해산물은 차지고 구수해 재 너머 시장에서 인기였다 이곳 사람들이 전해주던 똥 고개 전설 같은 이야기다

황금을 물고 간 물고기들은 황금알을 낳고 황금 언덕에는 아파트가 즐비하고 사통팔달 변화가 와 땅이 노다지가 되었다

길 끝에 서서

가만히 길들을 불러본다

호젓한 뒤안길
꼬불꼬불 논두렁길
돌아가는 에움길
잡풀 우거진 푸서리길
좁고 구부러진 오솔길
휘어진 후밋길
산기슭 자드락길
적막한 자욱길
벼랑에 나 있는 벼룻길

한 생이 걸어온 나의 길들
길들이 나를 끌고 가다 놓아두었던 길
강이었고 절벽이었고 때로는 끊어졌던 길
오래오래 걸었다네

저수지

산그늘이 기슭을 지나
구불텅한 저수지에 빠졌다
저수지는 수심만 고여 무심하다
아이들이 돌 던지면 동그랗게 웃는다
송아지를 달고 있던 어미 소
묶여 있던 원을 빠져나와 마른 목 축인다
물속에 소를 보고 화들짝 놀라 큰 눈이 더 커지면
송아지도 덩달아 뒷걸음친다
윤슬 위 휘갈겨 쓴 일기장
바람이 찰방거려 해독이 어렵다
가뭄에 옷을 반쯤 벗은 고랑으로
얕은 물줄기 물고기들이 헐떡거린다
은행 털린 가로수 대출 거부당한 공장 굴뚝
침묵으로 물구나무를 서고 있다
해 떨어지자 교회 십자가가 먼저 눈을 뜬다
한밤 간절한 사연들은 물속에 잠기고
어둠은 활기차게 빛을 받아먹는다
덩달아 별과 초승달이 따라 들어와
작은 우주에 야상곡을 연주한다
해 뜨면 명경明鏡 같은 방죽으로 돌아간다

헌책방

색 바랜 밑줄 한 줄
어느 양지바른 창문가
빈 탁자 위에 놓인 두 잔의 대화 속에
끼지 못하고 있었을 시집

닫힌 한나절을 열기까지 십여 년 된 듯하다

깊이 담아두고 싶은 문장
나보다 먼저 물결을 치고 간 사람
속지에 쓸쓸한 내용까지 첨해 놓았다

촉 끝에서 떨어져 나온 글씨
지심을 모른 잡초처럼 불쑥 내민
그 글씨가 좋아

선뜻 얼마에요?
정가 칠천 원에 이천 원만 내라 한다

오류 된 착각

신발을 벗어 놓으면
강아지가 오른쪽을 뒤집어 놓는다
그 상징적 행동이 궁금하다
그동안 나를 싣고 시장 은행을 가고
누군가 길을 물으면
오른발로 거들먹거리며 가리키고
급할 때는 땅바닥에 글씨를 쓰고
공이나 제기를 차고 밤나무에 발길질하던
신발은 젖은 땅바닥을 핥고 다녔다
발자국에는 오류들이 문신처럼 박혔다
발에 밟힌 미생물들
뒤집힌 신발에서 밟혀 죽은 벌레 소리가 나고
풍선껌 소리가 묻어 있다
다친 왼발 때문에
체중의 중심이 자꾸 오른쪽으로 기울어
뒤축이 더 닳은 사역자
젖은 땀 냄새를 풍긴다
뒤집는 이유를 알았다
신神은 물 위로 건너라 하고 신은 길을 걷자 한다
아침이면 나란히 놓고 발을 담아

내 작은 죄 덜로 간다

베개 십자가

베개, 저 속에는 꿈들을 숨겨 두었을 거야
그러지 않고서야 꿈 많은 나를 재울 수 있을까
남모르는 사생활도 다소곳이 숨기고
서로 나누던 귀엣말도 담고 있지

머리 한쪽을 대면 뺨까지 받아주던 너는
몸이 젖도록 악몽을 주고
강 건너 골짜기에는 백합화가 피고
거기에는 용, 돼지, 개가 살고 있어
잠이 들면 엉금엉금 기어 나와
허황한 꿈길을 같이 가지

등 돌려도 따라 눕지 않다가도
팔 당겨 달래 주면
돌아다니는 소문마저 잠들게 하지
아내처럼 임의로운 사이인데
전언만 남기고 깡그리 잊어버리기 일쑤

하나도 남아 있지 않은 꿈을 담고
내 목뒤를 가로지르는 십자가

제3부

고독의 방식

방치해 두면 허공 가득 우거진 어둠이 된다
빈 술잔에 묻은 잔주름 같아
음조陰助하기는 거북하고 시답잖다
모양이나 질량이 없어 바람 속 습기처럼
깊어지면 눈물져 떨어지기 쉽다
그는 다이어트를 싫어한다
무게를 늘리려고 웃음을 가둔다
저마다 분주하지만 적요하게 산다
수평선으로부터 서서히 몰려오는 밀물 같아
가까이 두면 넘치고 멀리 두면 찾아갈 일이 생긴다
감정이란 메아리처럼 멀어지는 연약한 존재
그는 밝음과 어둠 경계에 있다가
어둠 편에 젖기를 좋아한다
밝은 쪽으로 왔을 때는 들키고 만다
타협할 줄 모르는 외골수, 한 번 오면
열 번의 서리가 지나가도 떠날 줄을 모른다
가장 무서워하는 것은 냉철함이다 그러다가
그가 죽으면 적막이 되고 바람이 된다
둘러보면 언제나 주변 어딘가엔 늘 있다
얼마나 더 너그러워져야 그를 사랑할 수 있을까

집

평생 집 한 칸 장만하지 못하고
셋방을 전전하며 젊음을 놓쳐버린 노인,

나 어린 소년과 바둑을 둔다
네모판 줄금 위에 검고 하얀 집을 짓는다
주춧돌을 놓고 기둥에 대들보를 얹으니 밑돌에 생기가 돈다
노인은 욕심 버리고 별이 내려오는 샛길 따라
실리 위주 소목小目으로 살뜰한 집을 지으리라 했는데
소년은 검은 돌로 대궐 같은 집터를 고른다

그 옆에 노인이
청보리밭 뜰 넓은 집터를 고르다가
상수를 잡았다고 쾌재를 부를 때
어린 고수는 교묘하게 패를 걸어
노인의 애써 지은 한쪽이 와르르 무너진다
한 수 물러달라는 노인, 완강한 소년, 잘 어울린 한판이다
정석도 때론 꼼수에 발목 잡혀 당하기 일쑤
소년을 얕보다가 큰코다쳤다

노인의 되돌릴 수 없는 방심에 소년은
패망 선을 기던 흰 돌 한 움큼 잡았다

수담手談이 끝나 계가計家를 해보니,
무리한 대출, 넓은 집터가 폐허가 되었다
이번 판에도 안 되겠다 싶었는지
무너진 집을 쓸어 모은다

안개

밤새껏 기도를
다 받아 드시고
아침이면
손 저어 닿을 것 같은
정상까지 덮지 않는 겸손으로
그곳 어디쯤
그 소원
있으련만
주신 것도
받는 것도 아닌
오리무중으로 지나간 후에
이름 모를 풀잎에
눈물방울만 남기고 갔다

어린 짐승으로

　나 어릴 적 친구들과 서리하다 들키면 매번 등덜미를 잡히는 것은 나였고 도망가다 개에게 물리기 일쑤였다 겁 많고 우둔한 몸이라 뜀틀이나 평행봉 후리기를 못했고 수학 시간엔 도함수나 미적분을 풀지 못했고 고무줄 끊기나 치마 들추기도 못 해 봤다 바보까지는 아니더라도 개구쟁이도 못 되고 커서는 고스톱판에서 광 팔기 아니면 딴 적이 없다
　나는 여자에게 구애나 고백을 못 해 봤다 악동은 피지 못하고 젊은 시절을 보냈다　허나, 남달리 잘한 것도 없지 않다 아기 때는 엄지발가락을 끌어와 빨 줄도 알아 배곯지 않았고 땅따먹기를 잘해 땅마지기나 샀고 비바람이 불면 풀보다 먼저 누울 줄도 알아 군대에서 장교도 했었고 내던져도 깨지지 않는 놋그릇처럼 평생을 버리지 못한 우쭐거린 고집 하나로 살고 있다
　이제는 쓸모없는 뿔과 사나운 이빨이 둔해져 나는 순한 한 마리 어린 짐승으로 돌아가고 있다

달빛 고운 날

달빛 흐르는 강
한 사내가 강물을 내려다본다

누군가 기척이 있으면 얼른 신발을 신고
태연자약하게 물길을 바라보곤 한다
품격을 생각했을까

신발을 벗어 놓고 주위를 돌아본다
물고기가 사는 동네가 궁금한 것은 아닐 터
절망과 갈망 사이
가고 싶지 않아 반은 돌아서 있다

며칠 전 종합검진을 받고
노인네 헛말처럼 하는 '죽고 싶다'는 말
접었다 폈다 입에 붙었다

달이 구름을 벗어나자
강물이 다시 빛을 쏘아 올린다

그래

뛰어들 용기가 있다면 살 용기도 있어
산다는 것은 어떤 의무이기도 하지

난간에서 손을 거두고 고의춤을 여미며 간다
달빛 고운 날이다

작은 소리가 좋다

너무 큰소리 말고
귓속에 들어가는 작은 소리가 좋다

−새해 종소리보다
 세밀 풍경 소리가 더 좋다
−여자 친구가
'시간 있어!' 하는 말이 좋다
−친구가 밥 먹자는
 미성의 문자 소리가 좋다
−벽 등진 성난 뿔 소리보다
 다가온 묵언의 발소리가 좋다
−미소녀가 다투다가도
'기집애가!' 하고 토라진 소리가 좋다
−통성기도보다
 묵도가 더 좋다
−키 작은 미성의 그 소녀
 내 시 낭송하던 나직한 소리가 좋다
−아버지가 남긴 낮은 목소리
'어미를 부탁한다'

잠자리에 든 아내 귀엣말 같은 잠뜻
여보, 어디쯤 와!

단어, 넷

1. 꽃
글자 모양이 꽃을 닮은 꽃자,
영락없이 꽃이다
꽃을 꽃이라 쓰는 이유를 알 것 같다
꽃잎이 떨어지면
탈자나 오자가 되니
한 획이라도 떨어지지 않으려 꽃들은
바람을 피해 안간힘을 다한다
가을꽃처럼 조신하게 글을 썼더니
글자에서 꽃향기가 난다

2. 똥
한때는 똥을 배추에게 먹이고
배추를 사람이 먹던 시절이 있었다
똥 먹고 통통해진 배추
지푸라기로 끌어 여미었다
용쓰듯 글을 써 봐도 쓸데없이 살만 쪄
글자가 뒤뚱거린다
버릴 줄 알아야 좋은 글이 된다기에
한 단어 한 문장 비워 내려 끙끙거리며 힘을 줬더니

배설한 글이 살갑다

3. 좆
활판 인쇄하던 시절
의뢰해 온 원고 하나하나를 살펴보니
좆같은 놈, 좆같은 세상 욕이 천지라
잘 쓰지 않던 글자여서
몇 군데 인쇄소 수소문하여
좆을 징용해 왔다
활자를 만져 집판하니
글자가 커지면서 냄새가 났다
소변 통을 뒤집어쓴 듯
거시기한 날이다

4. 흥
꽃처럼 다정한 목소리로
그대는 나에게
야릇하고 꿈같은 대답을 했지
성급히 그걸 믿고 덤비다가는
흥, 하고 콧방귀 날아오기 십상

그러니 흐흐하고 웃음 지을 때
그때가 기름을 칠하기 가장 좋을 때
사랑한다고 말해봐
그 웃음에 동그란 이응 바퀴를 달아줘
흥흥~
콧소리 섞여 흥이 솟구치지
흥에 겨워지지

하나님을 팝니다

돈은 받지 않습니다
집은 덤으로 드릴게요
우리 집은 누추하지만 하나님이 살고 계세요
나무판자와 비닐을 덧대어 만든 낡은 비닐하우스
수돗물도 나오지 않고 전기도 들어오지 않아요
엄마는 사마리아로 떠났고
아빠는 요단강 건너가 오지 않아요
누가 보호자인지 모르는
팔순 할머니와 일곱 살 사랑이가 살아요
곳곳에 벌레 곰팡이가 있어도
하나님하고 같이 살아요
오솔한 밤, 다가올 겨울이 걱정이어요
사랑이는 어려워도 투정은 사치라 감추고 살아요
오늘도 상추 팔다 늦은 할머니
오는 기척에 뛰어가는 천사
형편이 점점 가물어가는 초막살이
할머니는 오는 날보다 가는 날을 붙잡고 싶대요
그때가 좋았다고
하나님이 추워요 누가 하나님 사 가세요

카페라테

사랑을 하고 싶으세요 그럼,
라테 한잔 드세요

푸른 하늘 흰 구름 한 자락 떼어다가
사랑의 자리를 채웠어요

한 모금 입에 닿으면 접혀 있던 문이 열려
윗입술에 하얀 수선화가 필 거에요

꽃을 덥석 물지 마세요
잔은 좀체 입술을 놓아주지 않아요

잔 속에서 휘몰아치다 멈춘 꽃도
깊은 사랑을 느껴요

자칫 거품이 넘치면
헤퍼 보이니 조심하세요

방울방울 떨어진 눈물 더치커피보다
순수가 깊은 라테가 더 좋아요

하얗게 풀어헤쳤다가 시든 구름 꽃
그래도 사랑은 사라지지 않아요

환지통

참, 이상하게도
철길엔 잡풀이 나지 않는다

가로질러 일자로 늘어진 침목에
무딘 쇳덩이 얹고 달리는 속도를 삼킨다

침목 사이 깔린 작은 자갈들
길가 발부리로 걷어찼던 돌멩이일까
바닷가 파도에 얻어맞고 온 조약돌일까
어느 빈촌 돌담 사이에 낀 굄돌일까

저것은 파석破石
바윗덩어리가 산산이 부서져
켜켜이 쌓인 염원을 깔아놓은 자갈이다
그 자갈의 광학성에 잡초는 얼씬도 못 한다

굉음을 받아먹고 살아서 잦은 잡소리
바람, 새소리를 뱉어 낸다
낮은 풀들은
파석에 묻혀 환지통을 앓아 죽는다

시의 길에도
다정과 소슬함이 편편히 깔려 있다

소음방지벽

외곽 순환 도로
수 개의 벽들이 서 있다
벽은 입이 없어 듣기만 하는
높고 긴 귀다

아스팔트 위를 달리는 바퀴
달린 짐승들 발소리 꾸역꾸역 받아먹고
입은 천근만근 무겁게 다물고 있다
토하거나 발설하는 법이 없다

귀가 엷은 새가
건너편 허공으로 날아가다
아크릴 소음 벽에 머리 박고 떨어졌다
남은 생을 뒤척이지만
필생의 사투는 멈추고 말았다

투명 속에 숨어 있는 완강한 거절
소통 불가의 차단벽
속도의 소리를 받아먹던 귀는 아무 말이 없다

허공에 그림자 하나 출렁이며 지나가고
건너가지 못한 소리는 차가운 벽이 되어
회색 도로를 내려다보고 있다

금니

종로통에 즐비한 주얼리 가게
간판 모서리에 '금이빨 삽니다' 쓰여 있다
문득 얼마 전 발치한 금니가 생각난다
뽑은 이빨 금값이 올랐다고 챙겨주었다
그동안 입안 내밀한 혀를 보듬고 놀다가
어둠 속에서 묵시의 강을 같이 건널 이빨
소리 없이 먼저 갔다

지갑 속에 넣고 다니던 금속 조각
가게에 들러 팔래도
뭘 이런 걸 파냐고 하대할까 두려웠다
선뜻 이빨 팔러 왔다고 말하지 못하고
머뭇거리다 슬그머니 꺼낸 금니
찬찬히 살피더니 2.5그램 칠만 원이란다
한동안 내 몸을 위해 노역한 대가치고는 헐하다
어디 가서 귀인 만나 보석으로
다음 생을 살라고 보냈다

시집 한 권도 팔리지 않는 날 금니를 팔아
파고다 뒷골목 양평해장국에 막걸릿값으로 썼다

남은 돈으로 아내 빨간 스카프를 샀다

떠나가면서도 내 칼칼한 목을 축이고
아내 시린 목을 감싸주고 갔다

가도 가도 서울이다

서울 천리 길, 가도 가도 서울뿐이다
산그늘을 품었던 자리에는
대나무 숲 같은 아파트가 들어서 있다
여기저기 서울의 변방이 되었다

도시 하치장 같은 잡초 무성한 묵정밭
무지렁이 촌부는 겉보리 닷 말에 넘기고
지레 보릿고개를 넘고 있다
여기저기 눈에 불을 켜고 복부인이 땅 도장 찍고 갔다
서울 아닌 곳이 없다
오일장 마당에도 남대문 청바지가 내려와 손뼉을 치고
대학가 품바가 가위질한다
금강벼룻길 낚시꾼도 서울 사람
첫사랑도 정 깊은 인심도 떠나 서울이 되었다
산천은 늙어가고
서울은 짓물러진 과육처럼 퍼져 간다
열차 옆구리가 열리면
와르르 서울이 쏟아져 나온다

허리띠 졸라매고 진종일 가던 길이

잰걸음으로 걸어도 반점이면 닿을 곳
길이 어디냐고 묻지 않아도
아이 손아귀 핸드폰에는 서울이 지천이다

가로등, 그림자

가로등은 연중무휴 야근을 한다

진종일 하늘로 꼿꼿이 서서
묵시의 기도를 하고
눈은 고즈넉하게 내리깔고 어둠을 기다린다
어둠을 지배하는 절대의 맹주는
몸종같이 그림자를 두고 산다

누가 다가오면 등 뒤를 길게 늘여서 밀어주고
다다르면 꼼짝 못 하게 발밑에 묶어 둔다
천성이 과묵해서
어떤 대화도 발설하지 않고
떠날 때는 앞서 길을 인도한다

호젓이 길섶도 제자리라고 지키고 서서
개나 고양이가 영역 표시를 해도 무심하다
대낮에는 눈을 감고
있는 듯 없는 듯 침묵한다

어찌 보면 혼자된 우리 이모 같아

고향을 떠나지 않고 살뜰히 지키고 있다
해가 지고 어둠이 길게 드리워지면
이모는 눈에 불을 켜고
딸이 오는 신작로를 바라보고 있다

바람으로 쓴 편지

마음이 시릴 때는 바람으로 편지를 쓴다
남길 것도 없는 허공이지만
거기에는 따스한 슬픔과 서늘한 행복, 젖은 눈물이 있다

나 어릴 적 수수깡 팔랑개비 돌리던
매번 돌리다 보면 집으로 왔던
그 바람 어디 있을까
기압골 낮은 섬에는
언제나 바람이 불어 여린 마음 펼쳐 보내면
그때마다 어미가 찾아오곤 했는데

이제는 바람도 나도 훌쩍 커 버렸다
내 마음 끄집어내기는 한없이 넓고 길어
편지를 쓸 때마다 바람의 표정이 어둡다
기다리는 그 사람 어디 있는지
햇살 넉넉히 쐬고 산모퉁이를 갓 돌아선
생기 있는 바람에 실어 보낸다

쓰다가 지워지고 날아가면
바람 부는 언덕에 올라 손짓해 부르련다

한 톨만이라도 기록하게 해주오
사랑하고, 사랑했다고
바람이 부는 곳에 나 서 있을게

제4부

손의 말

아내가
전철에서 무릎 위 손을 얹고
고즈넉하게 졸고 있다

서로 바꿀 수 없는 안과 밖
손이 손의 안부를 묻는다

안은 걸어왔던 길 잔금 가득하고
밖은 낡은 시간이 저물어 간다

이제 대화는 점점 줄어들고
손짓이 말이 되어 간다

주름진 손등 잡아 본다
힘들었다고 수고했다고

이심전심

아내와 같이 걷는 호수공원 산책길
몸짓으로 마음을 읽는다

아무 말이 없다
생각이 깊다는 뜻이다

잡은 손을 푼다
이목이 부끄럽다는 뜻이다

벤치에 앉는다
그만 걷자는 뜻이다

운동화 끈을 매만진다
집에 가자는 뜻이다

뒤처져 온다
마뜩잖다는 뜻이다

뜬금없이 내일 출근해? 한다
같이 있고 싶다는 뜻이다

아내가 마음속에 들어와 있다
같이 살 날도 머지않았다

거기 있어 주세요

당신은,
히말라야 등산객 짐을 지고 오르는 노새를 보고
그 짐 나누어지고 가자 했었지
어쩌면 염원을 안고 가는 아득한 뒷모습 같아
돌아설 때 당신은 한참을 제 몫의 시간을 건너
눈물방울이 저녁 불빛을 달고 있었어

가물해져 가는 기억 그날들을 잊을 수 있겠는가
당신과 나는 연리목連理木,
뿌리는 달라도 갈 때는 한날에 간다기에
저녁놀처럼 기억이 어슴푸레 저물어가

'저는 지아비의 아내입니다 여기로 연락 주세요'
목줄을 걸고 다니는 한 여인
아내가 정말 가고 싶은 곳은 어디일까
산 밑에 백합화일까 넘친 잔에 눈물일까
방울방울 간절함이 가슴 닫고 살아왔는데

이제껏 버리지 못한 뒤축 닳은 신발,
바득바득 씻어 나뭇가지에 걸어놓고

눈빛 가는 시집, 페이지마다 접힌 사연
깊은 속내까지 다치거나 덧나지 않게
다시 신으면 바람이라도 거두어 가겠지

거기 있어 주세요

겨울새

삼동이 지나도 날아갈 채비도 하지 못하고
제 계절을 놓쳐버린 새가 있다

주말이면 어미를 찾아오는 겨울새
불편한 어미 곁을 떠나지 못하고 있다
들어오자마자 엄마를 끌고 욕실로 간다
머리를 감기고 등을 밀고 손발을 씻긴다
마흔아홉 아기 새가 어미를 되갚아 씻겨 준다
앞가슴에 건포도처럼 말라버린 꼭지를 보며
기억의 테두리를 더듬어
그때는 제 것인 양 한쪽을 입에 물고도
누가 먹을까 남은 젖을 움켜쥐고 있었던 아기
그 옛날 엄마가 했던 것을 그리는 것일까
발톱을 깎거나 드라이 소리가 나면
목욕이 끝났다는 신호다
냉장고를 하얗게 닦고 나면 달빛이 쏟아진다
싸 온 반찬들을 채워 넣고 저녁을 준비한다
모처럼 받은 밥상이 호사스럽다
어미는 감자꽃처럼 웃는다

아들은 어미에게 가고 싶은 곳 있냐, 물으면
쓰던 묵시록을 멈추고
왕복 티켓을 끊고 알펜루트 얼음산 가던 때를 떠올려 본다
어미의 기억이 가장 좋을 때가 아들과 있을 때다
노을이 진 지 오래 벌써 초록별이 떠 있다
어둠을 더듬어 아들이 제집으로 떠나가면
베란다 창문 너머 엄마의 시선이 등에 붙어 간다

한겨울이 다 지나도록 병든
어미 주위를 맴돌고 있는 겨울새

당신이었소

당신은
엄마 같기도 하고 누이 같기도 하지만
다시 봐도 내 사람입니다
내 힘들고 어려우면 먼저 물어보고 싶기도 하지만
더 힘들어 할까 봐 돌아서는 사이입니다
나에게 가장 많은 눈물을 보였지만
웃음을 가르쳐 준 여자입니다
이 세상 어디를 다 찾아봐도
하나밖에 없는 내 사람입니다
빨랫감 속옷, 비상금을 귀신같이 찾아내는 사람
그래도 단 한 번도 묻지 않는 사람
우리 아이들을 몸으로 키운 당신
내 여자이면서도 어디론가 가버릴 것 같아
손잡고 꼭 있어 줘야 할 사람입니다
귀갓길 당신을 볼 시간이면
내 발걸음은 포목점 자처럼 빨라집니다
여기까지 온 것도 같이 가자는 말이었습니다
당신 심심찮게 가고 싶다는 그곳
갈 때가 되면 편도 티켓을 끊고
기다리다 혼자는 못 간다고 돌아설 여자

매일 밥상을 마주하고 싶은 여자
당신은 내가 사랑을 알게 한 유일한 여자입니다
나섬이나 자랑을 모르며 뒷모습만 보이는
평생 18세 소녀 같은 여자입니다

초록 늑대

한 마리 수컷 늑대

푸른 산야를 누비다가 초록이 되었다
배가 고프면 달을 뜯어먹고 포효하듯 울었다
별들도 추워서 떨어지는
아무르 강가에서 암컷을 만나
발에 붙은 진흙처럼 부부가 되었다

슬하에 암수 하나씩 자식을 두었다
사냥해 오면 어미와 새끼들 먼저 먹이고
털가죽에 남은 뼈를 발라 먹었다

때로는 식구를 위해 목숨 걸고 싸웠다
추위가 덮쳐 오는 어느 늦은 가을에
함께 사냥하다가
뱃속에 새끼를 담은 암컷이 그만 죽고 말았다
초록 늑대는 암컷이 죽은 바위산에 올라
달을 보며 슬피도 울었다

어미 대신 새끼들을 잘 키워 독립해 보내고

혼자가 된 초록 늑대
새끼들이 종종 찾아와 사냥한 것을 놓고 갔다
적막이 마르고 발톱이 시려 와도
다른 암컷을 받아들이지 않았다

슬픔도 보내면 고이 갈 수 있을까
암컷이 죽은 자리로 가서 열흘을 굶어
만월, 밝은 달이 떠오르던 날 아내 곁으로 갔다

늙은 예배당 구석진 곳에 쪼그리고 앉아
먼저 간 아내 숙연히 보내고
날이 새도록 기도하는

아버지와 아들

아들하고
남해 섬 할아버지 산소에 벌초하러 간다

휴게소에 들러 점심 먹고 갈거나? 대답이 없다
그럼 좀 더 내려가 먹자
왜 차선을 넘나드나? 졸음이 오냐?
들판 벼들이 누렇구나 베야겠구나
밖에는 가을비가 세차게 온다
차창 밖 다급히 와이퍼가 눈을 비빈다
우리도 점심하고 차도 충전해야겠다
그때야 차가 섰다
늦은 점심을 한다

아들은 아버지가 그어준 선을 따라 살아왔다고
아비는 산야를 누빈 야전사 곡진한 서사가 있다고
서로 묵언의 대화가 팽팽하다
벌초가 끝난 잔디에 앉아 퇴주잔을 나눈다
아들과 술잔을 나눠 본 사람은 안다
어색하게 자세가 기울어져 있다는 것을

세상 아버지들은 겨울 바다
우렁우렁 우는 파도에서
물방울이 깨지는 소리를 들어 볼 일이다

그리고 아무 말이 없다

아내 지병은 나의 결핍과 부재에서 왔다

오늘은 아내 목욕시켜 주는 날이다
강아지처럼 끌려와 쭈뼛거린다
몸속 어딘가에 숨어있는 자괴감 때문이다

곱던 살결이 사포처럼 거칠어졌다
젖무덤은 밭두렁 늙은 호박 같다
저것은 여자만 가지고 있는 볼륨의 자존심
A인지 C인지 당신만 아는 비밀
지금은 하현달이 그믐 되어 몸에서 떠난 지 오래다

유독 볼가져 있는 한 자리
두 딸 아들이 빨았던 불그스레했던 꼭지
오묘한 빛깔로 봉긋하다
건포도 같기도 하고 까치가 빨고 간 감꼭지 같기도 한
갈라진 틈새에서 막내아들 보채는 소리가 난다

한참을 거품수건으로 문질러 주었더니
두 손으로 움켜 가린 채

눈알이 금이 가도록 나를 쳐다본다
그리고 아무 말이 없다
하고 싶은 말이 너무 많아
서리서리 묻어둔 것을 나는 안다

새 옷을 입고 머리를 빗은 모습이 봄이다
기억이 꽃이 되는 순간,
나는 돌아서 황소처럼 울었다

나비

아내는 전생이 나비였나 보다
꽃만 보면 반기는
기분이 좋을 때면 머리 위에 앉아
걸을 때마다 머리핀 나비가 날갯짓한다

네 생애 가장 즐거웠던 때는
학교 가는 것도 잊고
오빠 통학차 놓칠세라
도시락 들고 날아갔던 어린 나비였다고

오늘은 손등에 앉아 어디로 가자고 조른다
먼저 나선 나는
백화점 앞 횡단보도에서 만나자 했는데
한참을 기다려도 감감이다
어느 꽃밭을 섭렵하고 왔을까
해찰 부리며 꽃과 놀다 왔을까
한참 후에 꽃향기 찾아온 나비

점점 기억이 쇠진해 간다
칼국수를 먹으며

내내 나비가 그려진 핸드폰을 꼬옥 쥐고 있다

장제사 이력

사과 깎는 소리가 들린다
창문 너머 햇볕이 앉았다 간 경마장 뒤꼍
모퉁이 구석진 작업장
말띠에 태어난 장제사는
경주마 발굽 편자를 갈아주는 일을 한다
거기엔 아픈 향기가 있고
심장이 격하게 박동하는 설렘이 있다
말발굽을 사과 움켜쥐듯 잡는다
잘못 다루다가는 칼에 베이거나 차일 수도 있다
어미가 포유하듯 말굽을 무릎 위에 올려놓고
여기는 말의 두 번째 심장
낡은 편자를 사과 껍질처럼 깎아내고
줄칼로 쓱쓱 문질러 다듬어
불에 달군 편자로 지지고 나면
김과 연기가 뒤섞여 야릇한 향기가 난다
재차 다듬고 못을 박는다
손을 털고 일어설 때면
새 신발을 신은 아이처럼 모둠발로 뒷발질한다
눈웃음을 짓고는 성큼 걸어간다

러시아어과 석사인 아들,
식구들을 위해 먼 길 하늘을 비마처럼 달리더니,
이제는 그도 말발굽이 닳아간다

껍데기만 들고 나왔다

먼저 유서를 썼다
푸르고 화려한 날에 나는 당신을 두고 먼저 갑니다
모두 용서하고 싶었다 내내 눈물이 났다
관 뚜껑이 열리고 한 발을 넣고 망설였다
마저 두 발을 넣었다 마지막 세상을 힐끔 보았다
솔직히 가기 싫었다
눕자마자 뚜껑이 닫혔다
틈 사이로 들어오는 가느다란 빛, 그토록 환했다
숨이 막혀온다 공기도 밥이었다
살아서 만난 죽음, 나는 죽은 게 아닌데
관 위로 천이 덮이고 삼베로 묶는 소리가 들린다
몸을 졸라맸지만 생각까지 동여매지는 못한다
눈을 떠도 감아도 어둠의 세계
어둠이 만들어 준 빛은 어디 갔을까
갈 때가 되어서야 빛의 고마움을 알았다
어쩔 수 없는 저편에는 웅성거리다가 일제히 침묵 중이다
죽음의 공포가 점점 사라지며 그냥 더 깊은 곳으로 떠나가고 싶었다
뒤늦게 알았다
내 몸뚱이 말고는 가져갈 게 없다는 것을

껍데기만 들고
나는 관에서 나왔다

이제는 알아요

강선에서 호수공원 가는 길목에는
새벽이 한 겹 벗을 때, 어느 신도가
선뜻 들어서는 교회가 있어요

어디서 왔을까?
바람도 잠시 머물다 간다는 낙원으로 가는 길은
한때는 어둠의 배후에 숨은 지하방 시절
십자가 옆에 끼고 삭풍을 맞은 날 있었답니다
갈수록 초라해지는 모습 시련도 축복인 줄 알았습니다
봄은 아직 먼데 벙글고 있는 꽃
아브람이 찾고 이삭이 머물던 샘이 깊은 곳
별빛도 머물다 가는 마음밭에 모여든 성도
이곳은 한번 오고 나면 얼굴 잊을까
바라보고 또 바라보고 그러다가 또 그러다가
끝내 그러다가 다시 찾아 드는 곳이랍니다
마음이 차고 넘쳐 사랑이 윤슬처럼 빛나는 곳

성도가 온다는 것은 그의 과거를 묻고
우주 같은 신앙이 들어서는 순간입니다
여기는 어린 싹이 나무처럼 믿음이 자라

숲을 이루고 새들이 노래해요
누군들 돌아보면 외롭지 않은 것이 있을까
어두운 밤 불 밝혀 친구가 되어 주는 집
가다가 막히면 돌아서면 다시 시작인 것을
거기는 믿음이 강물처럼 흘러갑니다

이 집에 가장 고독한 사람은 성직자입니다
모든 것 다 줘버리고 자신은 빈손이어도
믿음으로 성장한 신도가 있어 포만합니다
이제는 알아요!
깊은 샘 맑은 물이 넘쳐흐르는 것을

또 하나의 계절

나에게는 꼭 숨겨둔 한 계절이 있었습니다
밖으로 나오고 싶은 마음속 한구석
어디에도 물들지 못한 한 계절,

봄에 들려 해도 꽃 시샘에 견디지 못하고
여름엔 분망히 나대느라 틈이 없고
가을엔 바빠서 아는 체도 안 해
할 수 없이 겨울철 한구석
겨우 마음의 변방에 두었습니다

어디를 가나 제 계절에 밀려
아직도 철들지 못하고 기다림으로
낯설게 바라보고만 있었습니다

한쪽 젖을 물고 눈빛은 어미를 바라보던
돌 지난 그때가 내 계절이었는데
오라는 내 계절 오지 않고
민낯의 계절은 수없이 흘러
마음 변두리 휘돌다 갔습니다

요양원 창문가에 두 해 있다가
홀연히 가고 말았습니다

다시는 세상에 오시지 마세요,
그 계절

주름살을 지우고

이마 주름살 깊어져
고랑마다 어둠이 고여 있다
주름 속에는 굴곡진 생의 사역이 그려져
자서전을 대신 쓰고 있다

큰맘 먹고 주름살을 지웠다
어디로 갔을까 추방된 어둠은
주름 하나 지웠는데
광야를 지나 먼 하늘
어느 다른 행성을 다녀온 것 같다
날아갈 땐 좋았는데 도착하고 보니 추락이다

몇십 년 시간이 금세 어디론가 가버렸어도
아직 남아 있는 주름 너무 깊어
골짜기를 이루고 인고의 눈물이 흐른다

주름들은 머리 쪽에서 발원하여
온몸을 휘돌아 서역으로 끌고 간다
지웠다고 세월까지 되돌릴 순 없다
저승꽃이 더 환해 보인다

주름을 잃고 나니 지혜마저 잃어버린 것 같아
다시 이마를 찡그려 본다

오월에

오월의 주인은 하늘이고 바람이고 소리라는데
내 오월은 어디쯤일까
계절과 계절 사이 춥지도 덥지도 않게.
어느 한쪽으로 기울지도 않았으리

열의 중간에 가부좌 틀고 앉아
뒤처져도 물러설 여유가 있어
가고 옴을 두려워하지 않으리

오월이 오면 아비가 모판을 내다 심어
어진 손길 기다리는 달
호수가 물거울이 되는 계절이다
연두는 한때지만 초록은 마냥 풋풋해서
담장을 슬금슬금 타고 넘어오는 달

오월은 두런두런 퍼렇게 뒤적이며 찾아와
밀물처럼 소리 없이 가버린 달
나는 오월에 태어나
남은 계절을 다 준다 해도 오월과 바꾸지 않으리
어느 한쪽으로 기울지도 않게

천칭처럼 찬찬히 시간을 얹어 놓고
가난한 바람에게 한 줌 떼어 준다 해도
넉넉한 남음이 있고 받아도 넘침이 없으리

오월은 화사하게 꽃을 피워 놓고
열매를 위해
슬프게도 슬프게 지는 달

밥 한 톨

밥그릇에서 밥 한 톨이
식탁 위에 떨어졌다
한때는 서로 뭉쳐 붙들어 잡더니
혼자 갈 수 없이 힘을 잃었다

어디론가 훌쩍 가버리고 싶었을까
공손히 젓가락으로 잡았더니
식탁을 바짝 부여잡고
흐르는 시간을 세고 있다

그도 한때는
웃어 주는 햇살 흐르는 바람으로
한여름을 이겨낸 낟알이라고
오롯한 표정을 지를 때가 있었다

굶주려 본 사람은 안다
가난은 가난을 알듯
밥풀은 떠나가지 않으려고
서로 부둥켜 안고 있다

눈물 젖어 흐르는
땀방울에는 어쩔 수 없었는지
점성粘性을 풀어버린 채

그 작은 알갱이 안에
허공이 붙어 있다

시인의 아내

　내가 시를 쓸 때면 옆에 와 무엇이 그리도 궁금한지 머리를 갸우뚱 시가 밥이 나오냐 한다 가난이 화인처럼 붙어 그걸 지우려고 차 한잔 여유도 없이 힘겹게 지나온 날이 자꾸 뒷굽을 들게 한다 어느 갯가 해풍 맞은 해당화처럼 봄도 헤프게 보내더니 이젠 꽃은 다 떨어지고 가시만 남았다 깃털 없는 새가 되었다 '알츠하이머' 병원 가서 알았다
　내가 어슴새벽 아침을 준비하는 동안 아내는 꿈에서 나 대신 시를 쓴다 어쩌다 총기가 돌아오면 시를 읽고 필사를 한다 그 젊음 마냥 길 줄만 알았는데 언제 갔는지 기억이 쉬 늙어 멀리 가 있다 아내는 일기장에 며칠 일기를 모아 겹쳐 쓴다 세월만큼 깊은 서사를 한꺼번에 쓴다 밖으로 나갈 때는 문에 노크를 종종한다 엘리베이터로 내려갈 때는 으레 올라오는 버튼을 누른다 평생 오르기만 했으니 이젠 내려가야 한다고,
　남은 길 저편이 소급해 오는지 아프지 말라고 다독인다 오늘은 시를 필사하다 말고 눈물이 노트를 적신다

해 설

지극한 사랑의 마음으로 가닿은 서정적 범례

유성호(문학평론가, 한양대학교 국문과 교수))

1. 삶의 근원적 문양紋樣을 기억하는 시적 방법론

최태랑 시인의 네 번째 시집 『시인의 아내』(천년의시작, 2025)는 서정시가 일차적으로 시인 스스로를 고백하고 성찰하는 자기 인식의 속성을 강하게 띠는 양식임을 일러주는 실물적 사례로 다가온다. 서정시의 자기 탐구적 성격은 잘 알려진 것이지만, 특별히 최태랑의 시는 수많은 시공간을 에돌아 궁극적으로 자신에게 귀환하려는 의지를 한결같이 함축하고 있다. 이때 필연적으로 수반되는 것이 시인 스스로 쌓아올린 원숙한 인생론의 가치와 의미일 것인데, 아닌 게 아니라 최태랑 시인은 순수 원형을 회복하고 새로운 존재론을 지향하는 언어를 통해 오랫동안 마음에 새겨온 삶의 근원적 문양紋樣을 기억하는 시적 방법론을 구현해 간다. 그 안에는 몸과 마음에 오랫동안 묻어두었을 시인의 간절한 기도와 소망도 담기게 되고, 그만큼 그의 마음에 머물렀다 사라져간 순간들은 우리 모두의 기억으로 남게 될 것이다. 또한 최태랑 시인은 스스로를 낮추는 겸양의 수평적 마음을 통해 자신의 실존을 다양한 목소리로 들려주는 모습을 보여준다. 자연스럽게 시인의 상상력은 삶의 모순과 맞서는 존재론적 균형감을 택하게 되는데 이러한 균형의 정신이야말로 그로 하여금 각별한 인생론적 지혜로 나아가게끔 해주는 것이다. 시집 『시인의 아내』는 이러한 시인만의 사유와 감각에 대상을 향한 한없는 사랑의 시학을 각인해가고 있다는 점에서 단연 주목할 만하다. 이제 그 세계 안으로 한 걸음씩 들어가 뚜렷하고도 풍요로운 사랑의 전언에 귀를 기울여 보기로 하자.

2. 스스로를 성찰하는 일인칭의 고백들

최태랑 시인의 기억은 세계를 향한 스스로의 자각에 견고하게 기초하고 있다. 시인은 자신의 존재론적 기원origin으로서의 지난날을 일일이 호명하면서 우리가 궁극적으로 깃들이게 될 시원始原의 언어를 통해 그리움의 순간들을 건넨다. 이때 그의 시는 개별성과 보편성을 통합함으로써 서정시가 개인적 경험의 결과이면서 동시에 한 시대를 표상하는 보편적 양식이 될 수 있음을 알려준다. 우리는 그가 보여주는 사물과 상황 안에서 일상의 시선으로는 지나치기 쉬운 삶의 이치를 목도하게 되고 시인 특유의 경험을 통해 매 작품마다의 완결성과 그것들끼리의 연대감을 발견하게 된다. 그렇게 그의 시는 우리의 삶을 감싸는 은은한 고백록이자 풍경첩으로 다가오면서 그 근저에 스스로를 향한 일인칭의 고백들을 절절하게 담고 있다 할 것이다. 다음 시편을 먼저 읽어보자.

> 내 얼굴을 그리려고 거울 앞에 서 보니,
> 아무리 봐도 나는 어디 가고
> 낯선 사람이 들어 있다
>
> 찬찬히 보니, 한 노인이 나를 보고 있다
> 이웃집 할아버지 같기도 하고
> 성질 사나운 굶주린 승냥이 같기도 해
> 다시 보니 아버지 같기도 하다
> 웃어 다시 보면
> 동생 같기도 하고 아들 같기도 하다
> 시간 속 낯선 이방인
> 살며시 말을 걸면 수줍었는지
> 얼굴 바꿔 시치미를 떼고 나를 본다
>
> 한 번도 치켜떠보지 못한 눈빛

때로는 천진무구한 낯선 사람
그 얼굴 속에서 헤쳐 갈 미래의 시간이 보인다
귀를 세우면 빨리 가라고 경적 소리가 나고
미간의 주름 속에는
언제 자리 잡았는지 애환이 박혀 있어
아무리 보아도 내 얼굴은 없다

늙으면 눈물이 헤퍼져
작은 일에도 서러워진다
어디서 쉰 목소리가 난다
나 여기 있어

— 「자화상」 전문

　'자화상'은 근대 이후 여러 시인들에 의해 지속적으로 채택된 주제일 것이다. 자아 성찰에 가장 적합한 은유가 '자화상'일 것이기 때문이 아닐까 한다. 최태랑 시인 역시 자화상을 그리려고 거울 앞에 서 본다. 그런데 정작 자신을 그리려고 하니 아무리 보아도 '나'는 사라지고 '낯선 노인' 하나가 마주 바라보고 있는 것이 아닌가. 노인을 찬찬히 들여다보니 '이웃집 할아버지'나 '굶주린 승냥이'의 모습도 담겼고, '아버지'나 '동생'이나 심지어는 '아들' 같기도 하다. 그 낯선 '이방인'의 얼굴 속에서 시인은 앞으로 헤쳐가야 할 "미래의 시간"까지 바라보고 있다. 결국 미간 주름 속에 박힌 삶의 애환을 바라보면서 시인은 "늙으면 눈물이 헤퍼져/

작은 일에도 서러워진" 스스로를 느끼게 된다. 그 순간 들려온 "나 여기 있어"라는 목소리야말로 낯선 사람과 시인의 동일성을 알려주면서 '자화상'으로 하여금 가장 진솔한 성찰의 결과물이 되게끔 해준다. 그렇게 시인은 이번 시집에서 "오랜 세월 내던져도 깨지지 않는 놋그릇처럼 살다보니, 평생을 길들여도 버리지 못한 우쭐거린 고집"(「내 몸 속에는」)을 고백하면서 지금도 "나는 순한 한 마리 어린 짐승으로 돌아가고 있다"(「어린 짐승으로」)고 스스로를 다잡고 있는 것이다. 다음은 어떠한가.

    그는 한쪽으로 기울어져 있다
    기울기를 잡으려고 춤추듯 흔들며 걸어간다

    한쪽 다리로 전철을 탈 때면
    다친 한쪽을 위해 온몸이 울력한다
    수평을 잡으려 애를 쓴다

    한 발 두 발 놓일 때마다 하늘이 흔들린다
    잡는 곳은 허공뿐
    놓쳤다가 다시 잡고 잡았다가 놓치기를 반복한다

    그는 만원버스나 전철에 들어서면
    안정이 된다

허공이 고요하도록
무거운 추 하나 얹어 놓는다

— 「천칭天秤」 전문

 이 작품 역시 변형된 '자화상'으로 우리를 찾아온다. '천칭'은 양쪽 동일한 접시 위에 똑같은 물체를 얹어 균형을 잡아 물체의 무게를 측정하는 일종의 저울을 말한다. 한쪽으로 기울어진 '그'가 기울기를 잡으려고 춤추듯 흔들며 걸어가는 모습은 '시인 최태랑'의 삶을 요약해준다. 그렇게 온몸이 울력을 하면서 수평을 잡으려 하는 모습은 "놓쳤다가 다시 잡고 잡았다가 놓치기를 반복"해온 시간 동안 '그'로 하여금 "허공이 고요하도록/ 무거운 추 하나 얹어 놓는" 삶을 완성해가게끔 해준 것이다. 그렇게 스스로를 성찰하는 일인칭의 고백을 들려준 최태랑 시인은 "강이었고 절벽이었고 때로는 끊어졌던 길"(「길 끝에 서서」)에서 "밝음과 어둠 경계에 있다가/ 어둠 편에 젖기를 좋아한"(「고독의 방식」) 생애를 통해 "합장하듯 다정으로 이음을"(「십자못」) 주는 탁월한 균형주의자로 남을 것이다.
 이처럼 이번 시집은 서정시의 회귀적 지향을 또렷하게 견지하면서 기억의 원리에 충실한 고백과 성찰의 세계를 보여준다. 그만큼 최태랑의 시는 투명하고 순연한 기억을 원리로 삼으면서 절실한 자기 확인 의지를 정점에서 들려준다. 그는 기억을 통해 자신의 현재형을 발견하고 다시 그 힘으로 옛 기억을 돌아보는 미학적 성취를 얻어가는 것이다. 그리고 그 과정은 자신의 지경地境을 더욱 깊고 넓게 받아들이려는 의지에 의해 뒷받침되어 있고, 시인의 의지가 스스로에 대한 반성적 의식과 절묘한 균형을 이루는 방향으로 구현되어 간다. 말하자면 시인은 자신이 지향하는 가치를 끌어들이면서도 그것에 충실하지 못했던 삶을 반성적으로 사유하는 품격을 보여주는 것이다. 결국 최태랑의 시는 기억 속에 인화된 상황과 정서에 반응하면서도 그것을 심미적으로 기록하는 과정에서 완성된 미학적 결실인 셈이다.

3. 부재하는 것들에 대한 갈망을 투사한 그리움의 언어

최태랑의 시에서 시인과 사물 사이의 불화나 균열은 잘 발견되지 않는다. 시인은 삶의 아름다움을 발견하는 과정을 통해 천진성의 감각에서 오는 새로운 순간을 줄곧 노래해 간다. 언어의 심연 속에서 사람과 사물이 공명해가는 미적 파동을 담아내면서 아름다운 서정시의 근원적 자양을 길어내는 것이다. 또한 시인은 사물이 일정한 시공간에 존재하다가 물리적 유한성으로 말미암아 사라져가고 그 어떤 현상도 순간적으로 존재했던 것에 지나지 않음을 증언하고 있다. 그러니 사라져간 것들에 대한 그리움의 에너지가 뭇 사물이나 현상에서 아름다움의 순간성을 발견하게끔 해주지 않겠는가. 이때 그리움이란 대상을 향한 욕망이 시간의 풍화에 탈색되어 남은 정서적 지향을 말하는 것이다. 그것은 대상의 부재를 받아들이면서 그러한 상황을 깨끗한 슬픔으로 견디는 시간을 함유한다. 이는 부재하는 것들에 대한 갈망을 투사한 그리움의 언어가 그 안에 반영되어 있기 때문일 것이다.

> 오월의 주인은 하늘이고 바람이고 소리라는데
> 내 오월은 어디쯤일까
> 계절과 계절 사이 춥지도 덥지도 않게.
> 어느 한쪽으로 기울지도 않았으리
>
> 열의 중간에 가부좌 틀고 앉아
> 뒤처져도 물러설 여유가 있어
> 가고 옴을 두려워하지 않으리
>
> 오월이 오면 아비가 모판을 내다 심어
> 어진 손길 기다리는 달
> 호수가 물거울이 되는 계절이다
> 연두는 한때지만 초록은 마냥 풋풋해서
> 담장을 슬금슬금 타고 넘어오는 달
>
> 오월은 두런두런 퍼렇게 뒤적이며 찾아와
> 밀물처럼 소리 없이 가버린 달
> 나는 오월에 태어나
> 남은 계절을 다 준다 해도 오월과 바꾸지 않으리

어느 한쪽으로 기울지도 않게
천칭처럼 찬찬히 시간을 얹어 놓고
가난한 바람에게 한 줌 떼어 준다 해도
넉넉한 남음이 있고 받아도 넘침이 없으리

오월은 화사하게 꽃을 피워 놓고
열매를 위해
슬프게도 슬프게 지는 달

— 「오월에」 전문

오월을 향하여 노래하는 찬가가 여기 있다. 하늘과 바람과 소리로 충일한 시인의 오월은 "계절과 계절 사이"에 있고 한쪽으로 기울지 않은 균형추와도 같다. 아비는 모판을 내다 심으면서 어진 손길을 기다리고, 풋풋한 초록은 담장을 슬그머니 타고 넘어온다. 시인은 그 오월에 태어나 어느 한쪽으로 기울지 않게 '천칭'처럼 시간을 얹어놓은 채 가난한 바람에게 한 줌 떼어주어도 남음이 있을 생애를 살아왔다. 그렇게 넘침이 없는 오월도 꽃을 피워놓고는 열매를 위해 사라져 간다. 결국 '오월'은 시인의 기원이 숨쉬는 시간이요, 하염없는 균형과 여유를 가지고 펼쳐져온 시인의 생애를 함축하는 공간이기도 하다. 그 계절이 사라져갈 때마다 느끼는 시인의 슬픔 또한 뭇 사물이나 현상에서 아름다움의 순간성을 발견하고 종내에는 부재하는 대상에 대한 그리움을 표현하는 데 기여하고 있다. 그러한 그리움의 언어는 "따스한 슬픔과 서늘한 행복, 젖은 눈물"(「바람으로 쓴 편지」)이 함께 존재하는 원리이자 "아쉬운 것은 지워지고 사라져야 하는"(「이별은 비 오는 날이 좋다」) 삶의 속성을 은유하고 있는 것이다.

    사랑을 하고 싶으세요 그럼,
    라테 한잔 드세요

    푸른 하늘 흰 구름 한 자락 떼어다가
    사랑의 자리를 채웠어요

    한 모금 입에 닿으면 접혀 있던 문이 열려
    윗입술에 하얀 수선화가 필 거에요

    꽃을 덥석 물지 마세요
    잔은 좀체 입술을 놓아주지 않아요

    잔 속에서 휘몰아치다 멈춘 꽃도
    깊은 사랑을 느껴요

    자칫 거품이 넘치면
    헤퍼 보이니 조심하세요

    방울방울 떨어진 눈물 더치커피보다

순수가 깊은 라테가 더 좋아요

하얗게 풀어헤쳤다가 시든 구름 꽃
그래도 사랑은 사라지지 않아요
—「카페라테」전문

　이번에 시인은 '카페라테'라는 대상을 통해 사랑의 기억과 그리움의 언어를 풀어놓는다. 사랑의 열망을 다시 한번 가져보라는 권면으로 시작되는 이 시편은 "푸른 하늘 흰 구름 한 자락 떼어다가/ 사랑의 자리"를 채운 흔적의 은유로 '라테 한잔'을 불러온다. 라테를 한 모금 물면 윗입술에 하얀 수선화가 피듯 문이 열릴 것이고, 잔 속에서 휘몰아치다 멈춘 꽃도 사랑을 함께 느끼게 될 것이다. 그렇게 방울방울 떨어진 눈물은 "순수가 깊은 라테"만의 고유 속성일 것이다. 그러니 하얗게 풀어헤쳤다 시들어버린 구름꽃 모습을 하고 있더라도 라테에 빗댄 사랑의 의미는 사라지지 않을 것이다. 이처럼 시인이 되살리는 그리움의 에너지는 "마음이 차고 넘쳐 사랑이 윤슬처럼 빛나는 곳"(「이제는 알아요」)에서 생성되어 "첫정같이 목을 타고 슬며시 이끌려가는 그 맛"(「와인 글라스」)에서 완성되는 그 무엇으로 번져가고 있다.
　이렇듯 최태랑 시인은 사물이나 상황에 대한 경험적 실감을 자신만의 언어적 화폭에 담으면서 그리움의 실마리들을 펼쳐간다. 세상이 서로 어울려 있는 삶의 화음和音을 들으면서 살아있는 것들의 기운을 감각해간다. 시인은 역동의 고요를 통해 사물이나 상황의 본질로 잠입하고, 우리는 언어 너머 존재하는 소리를 듣게 된다. 시인은 이렇게 자신의 감각을 사물에 의탁하여 절실한 실감을 노래하는 일관성을 보여주면서, 동시에 자신의 마음이 움직여가는 리듬을 통해 한없는 그리움을 은유해 간다. 매우 미세한 경험 맥락이 숨쉬는 순간을 통해 서정시가 개인적 경험의 산물이자 보편적인 삶의 이법理法을 노래하는 양식임을 알게 해준다. 이러한 원리는 그 자체로 하나의 시적 상황을 이루면서 때로는 기억 자체가 스스로를 드러내는 방식으로 나타나기도 하고 때로는 그리움의 힘으로 그것을 전유하는 방식을 취하기도 한다. 부재하는 것들에 대한 갈망을 투사하는 그리움의 언어가 이때 환하게 피어나는 것이다.

4. 삶의 경이로움을 선사해가는 '존재의 집'으로서의 시 쓰기

이번 시집의 중요한 음역音域 가운데는 사랑하는 아내에 대한 헌사가 고전적 착상과 화법에 의해 집중적으로 착색되어 있다. 그는 삶의 양상들을 충실하게 담아내면서도 거기에 사랑을 덧입히고, 시간을 탐구하면서도 원초적 기원을 상상하고, 삶 안팎에 새겨진 흔적들을 탐구하는 방향으로 서정시를 써간다. 남다른 기억의 심도深度를 통해 존재론적 원형에 가까운 마음을 노래하고 사랑의 과정을 애틋하게 회

상해 간다. 그러한 힘은 유한한 삶에 대한 것으로도 나타나지만 사랑 자체를 향하기도 한다. 삶이 지속되는 한 남게 될 그러한 사랑의 마음은 그의 영혼을 숭고하게 해주는 감동의 원천이기도 하고, 현실에서는 불가능한 순간적 존재 전환을 가능하게 해주는 수원水源이 되어주기도 한다. 시인은 그 과정의 극점에서 '아내'를 호명하고 자신만의 음색으로 사랑의 심층을 보여준다. 이때야말로 시인 자신의 시쓰기가 불가피한 존재론적 사건임이 넉넉하게 입증되는 순간이 아닐 수 없을 것이다.

내가 시를 쓸 때면 옆에 와 무엇이 그리도 궁금한지 머리를 갸우뚱 시가 밥이 나오냐 한다 가난이 화인처럼 붙어 그걸 지우려고 차 한잔 여유도 없이 힘겹게 지나온 날이 자꾸 뒷굽을 들게 한다 어느 갯가 해풍 맞은 해당화처럼 봄도 헤프게 보내더니 이젠 꽃은 다 떨어지고 가시만 남았다 깃털 없는 새가 되었다 '알츠하이머' 병원 가서 알았다

내가 어슴새벽 아침을 준비하는 동안 아내는 꿈에서 나 대신 시를 쓴다 어쩌다 총기가 돌아오면 시를 읽고 필사를 한다 그 젊음 마냥 길 줄만 알았는데 언제 갔는지 기억이 쉬 늙어 멀리 가 있다 아내는 일기장에 며칠 일기를 모아 겹쳐 쓴다 세월만큼 깊은 서사를 한꺼번에 쓴다 밖으로 나갈 때는 문에 노크를 종종한다 엘리베이터로 내려갈 때는 으레 올라오는 버튼을 누른다 평생 오르기만 했으니 이젠 내려가야 한다고,

남은 길 저편이 소급해 오는지 아프지 말라고 다독인다
오늘은 시를 필사하다 말고 눈물이 노트를 적신다
─「시인의 아내」 전문

시집 표제작이기도 한 이 시편은 "시를 쓸 때마다/ 아내가 넌지시 바라보더니,/ 아내도 시를 쓴다// 촉이 물구나무 서서 그리는 글씨/ 한 자 한 자 머리에 담은/ 그 시를 꺼내어/ 네 번째 시집으로 묶었다// 필사하다/ 울어버린 아내의 마음으로"(「시인의 말」)라는 발언의 가장 구체적인 형상을 담고 있다. 물론 '나'와 아내가 수행해 가는 시작詩作에는 차이가 있다. '나'는 시를 쓰고 있고 아내는 '나'의 옆에서 머리를 갸우뚱하며 '나'로 하여금 지나온 날을 돌아보게 하기 때문이다. 화인 같은 가난을 지우려고 여유도 없이 살아온 날을 되돌아보니 아내는 꽃 떨어지고 가시만 남은 어느 갯가 해당화 혹은 깃털 없는 새가 되어버렸다. 이제 '나'는 아침을 준비하고 아내는 꿈에서 '나' 대신 시를 쓰거나 시를 읽으면서 필사를 한다. 그리고 아내는 자신의 일기장에 세월만큼 깊은 서사를 한꺼번에 쓴다. 엘리베이터로 내려갈 때는 올라오는 버튼을 누르며 "평생 오르기만 했으니 이젠 내려가야 한다고" 한다. 그렇게 '시인의 아내'는 시를 필사하다 말고 눈물로 노트를 적시면서 스스로 '시인'이 된다. 이때 시인은 아내에게 "당신과 나는 연리목連理木"(「거기 있어 주세요」)이라고 고백하면서 "나의 행적을 기록"(「시 쓰는 구두」)해준 오랜 시간을 톺아 올리고 있는 것이다.

어둠에서 누가 불러왔을까 새벽을
아내는 여직 꿈길을 가고 있는데 노시인은
부스스 일어나 고운 시알로 밥을 짓는다

쌀 한 움큼 은유를 의중에 넣고
비유 좋게 뜨물이 맑아지도록 씻어
이미지 선명한 시 한 편을 안친다
저 푸른 들과 맑은 공기가
어둡고 습한 동굴 같은 밥솥에 들어가
언어들이 뜨겁게 들끓어 간다
시인은 그 옆에 쪼그려 앉아
다듬고 버리고 쓸어 담은 신화 같은 시 한 편
기껏해야 쌀 한 됫박 값도 되지 않는
언어들을 붙들어 잡고 시름하고 있다
아내는 이렇게 한 생을 소진했다

시는 탄생이 아니라 생산이다

여문 시알들이 부드럽게 읽힌다고
입에 착 감길 것 같은 시가 차지게 엉켜 있다
다 왔다고
증기를 내 뿜고 기적 소리를 낸다
시인은 젖은 꽃을 피웠다

턱받이 딸 같은 아내가 일어난다
　　　　　　　　　　　―「밥 짓는 시인」 전문

　이제 아내는 시를 쓰고 시인은 밥을 짓는다. 아내가 새벽 꿈길을 걸어가고 있을 때 시인은 고운 시알로 밥을 짓는다. 은유와 이미지로 빚어진 쌀과 뜨물에 실려 시 한 편이 고이 안쳐진다. 시인이 "신화 같은 시 한 편"을 쓰려고 시름할 때 아내는 한 생을 소진했다는 기억을 노래할 때 시인의 언어는 사랑으로 흔들린다. 그때 여문 시알들이 부드럽게 읽히고, 시가 차지게 엉켰다고 기적 소리를 내는 밥솥을 향하여 시인은 꽃을 피운다. 그리고 "턱받이 딸 같은 아내"가 일어나 새로운 새벽을 연다. "마음의 변방"(「또 하나의 계절」)으로 찾아온 '시쓰기'와 '밥 짓기'의 은유를 빌려 시인은 "눈물을 걸어두고 가기에 이만한 곳이"(「계단」) 없다고 노래하면서 "어두운 심지에 불을 붙이라는 말"(「또」)을 되뇌듯이 이처럼 자신의 시를 써간다. "하고 싶은 말이 너무 많아／ 서리서리 묻어둔 것을 나는 안다"(「그리고 아무 말이 없다」)라고 고백하는 시인의 모습이 다시 눈에 서린다.

　이처럼 최태랑 시인은 남다른 진정성의 언어를 이어가면서 그 언어로 하여금 시쓰기의 은유를 수행하도록 돕고 있다. 그럼으로써 운명적으로 주어진 언어적 사제司祭로서의 직임職任을 다해간다. 이는 양도할 수 없는 자신의 삶의 방식이고 자신이 살아온 세월에 대한 애착이기도 할 것이다.

그동안 쌓아온 최태랑의 성취는 이렇게 현실과 꿈 사이, 기원과 현재형 사이, 시쓰기와 밥 짓기 사이에서 거듭 확장되어 간다. 그 점에서 그의 시쓰기는 삶을 밝히면서 우리의 감각과 인식을 새롭게 갱신하고 삶의 경이로움을 선사해가는 '존재의 집'으로 우뚝하기만 하다.

5. 사랑의 마음으로 여울진 가편佳篇들

최태랑 시인의 시가 고전적 정서에서 생성된다는 점을 감안할 때, 이번 시집에서 우리가 누리는 감동 역시 '사랑'이라는 서정시의 원리에 의해 완성되어간다. 또한 그의 시는 시간 자체를 대상으로 한다는 점에서 시간예술로서의 특권을 충분히 감당해내고 있다. 삶의 순간적 파악에 기초한 언어예술로 서정시를 정의한다고 해도 사정은 마찬가지다. 이때 순간이란 시간의 흐름이 온축된 '충만한 현재형'일 것이다. 그만큼 최태랑 시의 에너지는 순간 속에 담긴 사랑의 마음을 노래하는 데서 찾아진다. 우리가 잘 알듯이 사랑은 근본적으로 경험적 직접성과 그 절절함을 핵심적 성격으로 한다. 시인이 노래하는 사랑 역시 그러한 성격을 함유하기 때문에 두텁고도 깊은 시학으로 우리를 찾아오는 것이다.

아내와 같이 걷는 호수공원 산책길
몸짓으로 마음을 읽는다

아무 말이 없다
생각이 깊다는 뜻이다

잡은 손을 푼다
이목이 부끄럽다는 뜻이다

벤치에 앉는다
그만 걷자는 뜻이다

운동화 끈을 매만진다
집에 가자는 뜻이다

뒤처져 온다
마뜩잖다는 뜻이다

뜬금없이 내일 출근해? 한다
같이 있고 싶다는 뜻이다

아내가 마음속에 들어와 있다
같이 살 날도 머지않았다

 —「이심전심」 전문

아내가

전철에서 무릎 위 손을 얹고
　　고즈넉하게 졸고 있다

　　서로 바꿀 수 없는 안과 밖
　　손이 손의 안부를 묻는다

　　안은 걸어왔던 길 잔금 가득하고
　　밖은 낡은 시간이 저물어 간다

　　이제 대화는 점점 줄어들고
　　손짓이 말이 되어 간다

　　주름진 손등 잡아 본다
　　힘들었다고 수고했다고
　　　　　　　　　　　─「손의 말」 전문

　역시 사랑의 제일 대상은 시인의 '아내'이다. 앞의 작품에서 시인은 아내와 함께 호수공원을 산책하면서 아내의 몸짓에서 마음을 읽는다. 말이 없을 때의 생각과, 잡은 손을 놓았을 때의 부끄럼과, 벤치에 앉을 때와 운동화 끈을 매만질 때의 마음을 더없는 사랑으로 읽는다. 그녀가 뒤처져 올 때는 무언가 마뜩잖다는 뜻이고, 뜬금없이 내일 출근하느냐고 물을 때는 같이 있고 싶다는 뜻일 것이다. 매 순간 아내는 시인의 마음속에 들어와 있는 것이다. 그렇게 "같이 살

날"도 머지않았다고 고백하는 '이심전심'의 내외가 "어둠속 초롱 밝혀 별빛 끌어"(「늙은 호박」)오는 순간을 우리는 목도하고 있다. 그런가 하면 아내가 전철에서 무릎 위 손을 얹고 졸고 있을 때를 그린 뒤의 시편 역시 사랑의 마음이 따듯하게 전해져 온다. "서로 바꿀 수 없는 안과 밖"처럼 손이 손의 안부를 물을 때, 안은 안대로 길 잔금 가득하고 밖은 밖대로 저물어가는 시간으로 아득하다. 대화는 줄어들고 손짓이 말이 되어가는 그 순간에 "힘들었다고 수고했다고" 전하는 '손의 말'은 여전히 아름다운 사랑의 언어일 것이다.

>당신은
>엄마 같기도 하고 누이 같기도 하지만
>다시 봐도 내 사람입니다
>내 힘들고 어려우면 먼저 물어보고 싶기도 하지만
>더 힘들어 할까 봐 돌아서는 사이입니다
>나에게 가장 많은 눈물을 보였지만
>웃음을 가르쳐 준 여자입니다
>이 세상 어디를 다 찾아봐도
>하나밖에 없는 내 사람입니다
>빨랫감 속옷, 비상금을 귀신같이 찾아내는 사람
>그래도 단 한 번도 묻지 않는 사람
>우리 아이들을 몸으로 키운 당신
>내 여자이면서도 어디론가 가버릴 것 같아
>손잡고 꼭 있어 줘야 할 사람입니다

귀갓길 당신을 볼 시간이면
내 발걸음은 포목점 자처럼 빨라집니다
여기까지 온 것도 같이 가자는 말이었습니다
당신 심심찮게 가고 싶다는 그곳
갈 때가 되면 편도 티켓을 끊고
기다리다 혼자는 못 간다고 돌아설 여자
매일 밥상을 마주하고 싶은 여자
당신은 내가 사랑을 알게 한 유일한 여자입니다
나섬이나 자랑을 모르며 뒷모습만 보이는
평생 18세 소녀 같은 여자입니다

—「당신이었소」 전문

다음으로 '당신'으로 명명된 대상에 대한 가장 지극한 언어를 들여다보자. 엄마나 누이 같은 '당신'은 "다시 봐도 내 사람"이다. 이 강력한 소유격 '내 사람'이라는 말 속에는 힘들고 어려울 때 더 힘들어 할까 봐 돌아서는 배려의 마음이 담겨 있다. '당신'은 많은 눈물과 웃음으로 다가와 "이 세상 어디를 다 찾아봐도/ 하나밖에 없는 내 사람"으로 선명하기만 하다. "아이들을 몸으로 키운" 시간 동안 '나'는 귀갓길 발걸음이 빨라졌고 '당신'은 매일처럼 "밥상을 마주하고 싶은 여자"로 남았다. 그러니 '당신'은 "내가 사랑을 알게 한 유일한 여자"이고 "뒷모습만 보이는/ 평생 18세 소녀 같은 여자"가 아닐 것인가. 그때 비로소 "별과 초승달이 따라 들어와/ 작은 우주에 야상곡을 연주"(「저수지」)하고 이들은 "다

시는 돌아갈 수 없는 먼 길"(「뱅갈고무나무와 깔판」)도 함께 가지 않겠는가.

이렇듯 최태랑의 시는 비애에 감싸여 있거나 상처를 돌아볼 때에도 밝은 세계를 지향하는 긍정의 속성을 일관되게 지닌다. 물론 이러한 시인의 마음은 저물어가는 기운과 밝아오는 기운을 균형으로 바라볼 줄 아는 중용적 의지의 산물일 것이다. 시인은 어둑한 세상을 지나 '당신'을 향한 사랑을 통해 아득하게 번져간다. 그 근원적 사랑의 마음은 우리의 마음조차 따듯한 온정으로 물들게끔 해준다. 결국 최태랑 시인의 섬세한 마음을 담아가는 예술적 정수精髓를 보여준 이번 시집은 가장 아름다운 문자향文字香의 순간을 담아낸 서정성으로 우리의 가슴을 울린다. 사랑의 마음으로 여울진 가편佳篇들이 해낸 일들이다.

6. 다시 천천히 읽어보는 사랑의 미학

우리가 천천히 읽어온 것처럼 최태랑 시인은 가장 진솔한 기억과 고백을 통해 자신만의 존재 방식을 섬세하게 재현해 간다. 우리는 "통성기도보다/ 묵도가 더 좋다"(「작은 소리가 좋다」)는 시인의 "고집스런 수직"(「절벽」)을 만나본 듯하다. 아닌 게 아니라 그는 "가까이 두면 넘치고 멀리 두면 찾아갈 일이 생긴"(「고독의 방식」) 생애를 통해 점착성 있는 고백을 정성스럽게 이어갔다. 시간의 속도보다는 깊이를 전면에 내세우는 상상력을 통해 사랑의 역설에 다다르는 역동적 과정을 보여준 것이다. 우리도 그 과정에 동참하면서 아름답고 오랜 마음의 흐름을 느끼게 되지 않는가. 이때 시인의 마음에 착색된 정서는 말 그대로 그리움과 사랑으로 나타난다 할 것이다.

결국 우리는 사물의 구체성과 다양한 언어를 통해 회감回感의 과정을 변주하며 그것을 본질적인 가치로까지 확산해내는 최태랑의 시에서 서정의 원리에 충실한 사랑의 시학을 바라본다. 그 마음은 스스로를 향하기도 하고 가장 가까운 타자인 아내를 향하기도 한다. 천천히 사라져 가는 순수 원형의 기억을 복원하면서 시인은 지나온 시간에 대한 그리움의 마음을 전면에 가득 채운 네 번째 시집을 완성하였다. 자신이 걸어온 삶에 대한 애틋함과 소중함을 발화하면서 자신만의 시간에 가닿은 것이다. 이러한 과정이 그로 하여금 자신이 살아온 시간을 되새기고 나아가 그 시간에 대해 각별한 의미를 부여하게끔 해준 것이다. 그 점에서 그의 시는 시간의 풍화 속에 스러져가는 삶을 열망한, 지극한 사랑의 마음으로 가닿은 서정적 범례範例로 기록될 것이다.

이제 우리는 그만의 지극한 사랑의 미학을 다시 천천히 읽어본다. 이러한 세계를 밝은 빛으로 채운 시집의 상재를 축하드리면서 앞으로도 최태랑 시편들이 더욱 역동적인 사랑의 세계로 뚜벅뚜벅 나아가기를 마음 깊이 희원해 마지않는다.